개정증보판
한문과 문화

개정증보판

한문과 문화

장창호 편저

學古房

한문과 문화, 이 강의를 맡은 지 벌써 9년째이다. 원래 교양한문이었다가 학교당국에서 과목 명칭이 너무 딱딱하다고 해서 한문 뒤에 문화를 덧붙였다. 한문 소리만 들어도 경기를 일으키는 학생이 적잖은데 범위가 문화까지 넓어졌으니 학생은 물론이고 가르치는 입장에서도 난감해진것이다.

전 학년 대상의 핵심교양과목이라서 강의 담당 교수가 대여섯 분에 달해 단일 교재를 만들기 위해 수차례 모였지만, 그때마다 격론이 일어나 별무소득이었다. 한문에 대한 생각은 대동소이했지만 문화에 대한 견해가 천차만별이라 쉽사리 생각의 차이를 좁히지 못해서였다. 결국 각자 소신대로 강의하기로 하여, 필자도 나름대로 교재를 임시 편집해서 가제본으로 몇 년째 강의를 이어왔다.

이 과목을 강의하면서 학생들이 한문보다는 문화 방면에 더 흥미를 가지고 강의에 임한다는 사실을 발견했다. 때문에 자연스럽게 한문 강독보다는 한문으로 표현된 원전의 문화적 배경 설명에 강의의 중점을 두었다. 최근에 들어와선 개강 첫날 강의소개 때 한문보다 문화에 중점을 둔다고 한문에 지레 겁을 먹은 학생을 안심시키는 실정이다.

이런 배경으로 해서 이 책은 한·일·대만 세 나라 공영TV방송 합작다큐멘터리 "인의예지(仁義禮智)"와 EBS의 다큐멘터리 "절망을 이기는 철학 제자백가"를 중심축에 넣고 집필하였다. 다큐멘터리에 인용되거나 언급된 한문 원전을 보다 심층적으로 설명하는 방식이므로 실제적으로 한문으로 읽는 문화다큐멘터리라고 해도 무방하다. 전체적으로 한문으

5

로 표현된 동양의 유가문화와 도가문화가 대종을 이루고, 아울러 묵가와 법가의 문화도 조명하도록 구성하였다.

개정판은 주로 내용의 증보가 이루어졌다. 문화에 대한 간단한 정의와 함께 우리나라와 중국의 한자 문화의 다른 점을 새로 첨가하였다. 한문이 분류는 경, 사, 자, 집에 대한 설명을 좀 더 심층 설명하여 독자의 이해를 돕도록 꾀하였다. 가장 특징적인 변화는 유가의 인, 의, 예, 지와 묵자, 도가, 법가 등 제자백가의 핵심 한자 개념에 대한 문자적 해석을 새로 독립된 장을 시킨 부분이다. 수업 중에 문화 개념의 핵심 한자어를 갑골문에서부터 시작해 문자학적으로 접근해 설명을 시작했더니 의외로 학생들이 흥미로워하며 반응이 좋았다. 이에 용기를 얻어 이 부분을 보다 알기 쉽게 정리하여 일반 독자들에게도 제공하기로 했다.

이 책의 가장 큰 특징은 PPT형식의 편집일 것이다. 강의 때 PPT화면을 띄어놓고 수업하면서 굳이 서술형으로 풀어 쓰면 강의의 현장감이 반감될까 우려되어 부득이하게 이런 실험을 감행하였다. 찬반 의견이 예상되나 한문 강의가 딱딱하다는 선입감에 대한 일종의 도전으로 이해하면 고맙겠다. 내용 중 착오나 놓친 점은 강호제현의 질정을 바란다.

2021년 2월
신독재(愼獨齋)에서 삼가 다시 쓰다

| 목차 |

1-1강
문화(文化)의 정의

목 차

1. 문화의 어원

- 문화 = 文 + 化
- 문(文)의 옛 서체

| 갑골문 | 금 문 | 소 전 |

갑골문 '文'의 의미

- 머리 + 양 어깨 + 가슴 위에 새긴 칼집 + 두 다리
- 다리를 꼬고 누운 사람의 상형자
- 사냥에서 다쳐 피 흘려 죽지 않은 사람을 위해 가슴에 칼집을 내어 피를 흐르게 해 영혼이 사람 몸에서 떠나게 하는 주술 행위

1.1 文의 의미

- 여기에서 문(文)은 가슴에 새겨진 무늬라는 뜻이 생김
- 문 = 紋(무늬)
- 무늬라는 뜻이 실(絲)로 짠 베의 무늬(#)로 분화
- 일정한 형식 곧 패턴의 반복이 인상적

文 = 무늬

2.2 化의 의미

- 化 = 사람 人(인) + 비수 匕(비 : 수저, 화살촉)

- 도구를 사용해 작업하는 사람

2. 서양의 문화 어원

- 영어 Culture의 어원은 라틴어 Cultura
  원의 : 경작, 재배(cultivation)

- Cultura의 동사 Colere의 명사형

- Colere는 타동사 Colo의 원형
  원의 : 농토를 일구다, 집이나 건물을 짓다

서양의 문화 어원

- agriculture(농업) = agri(밭의) + cultura(경작)
- 고대의 농업 활동이 문화의 바탕이자 터전
- cultura는 곧 원시시대의 쟁기 등 농경도구
  = 인위적이고 인공적인 모든 시설
  ↔ 자연(自然, nature)
- 도구 사용해 작업하는 사람

3. 문화의 정의

- 文化란?
- 사람이 살아가는 무늬 곧 생활, 행위, 관념, 사고방식
  등을 포괄하는 삶의 집단적 무늬
- 집단에 따라 시공간적 이질성과 다양성 존재

  예) 언어, 의상, 전통, 제도, 관념

4. 문화의 특성

- 지역별, 시대별, 민족적 다양성

- 인공적, 후천적(학습을 통해 습득과 전승)

- 변화와 진화, 교류와 수용

문화의 특성

1) 문화의 보편성
- 시대나 사회 환경에 따라 공통적 특성을 지님
- 다른 문화하고도 상호 교류를 통해 공통성 형성

2) 문화의 개별성
- 각각의 문화는 고유한 특성과 독자적인 특성으로 다른 문화와 차별성을 지님
- 문화 교류에도 불구하고 문화의 개별성은 없어지지 않음

문화의 특성

3) 문화의 유동성
- 문화는 끊임 없이 다른 집단으로 흘러 들어가는 속성을 지님
- 한 사회의 문화 요소가 또 다른 사회로 전파되면서 계속 상호작용하는 과정을 '문화의 냇물'이라고도 표현

문화의 특성

4) 변동성

- 문화는 고정불변하지 많고 시간이 지나면서 새로운 문화 특성이 추가되거나 기존의 특성이 소멸되면서 변화함

  예) 제사
  장남 책임에서 형제가 번갈아 가며 지내는 추세
  종교에 따라 제례를 주모예배로 대신하는 경우
  제례의 간소화와 제수(祭需)의 변화

5. 한자(漢字) 문화

- 한자문화:

  한자를 사용하는 지역 혹은 사람들의 정형화된 삶의 방식

  예) 담배 피는 학생이 교수를 만났을 때
  한국학생과 러시아학생

  동중유이(同中有異), 담배 권하는 중국인 교수

1-2강
한·중 한자문화
오기 vs 객기

목 차

1. 객기(客氣)
2. 객기(客氣)의 문화적 함의
   1) 중국의 겸손
   2) 한국의 오기
3. 오기와 객기의 충돌
4. 오기와 객기의 심층

우리와 다른 중국

- 같은 한자문화권
- 동중유이(同中有異)
- 같은 듯하나 달라!

1. 객기(客氣)

	한 국	중 국
표 기	客 氣	客 气
발 음	객 기	커 치 (ke`qi)
의 미	오 기	겸 손

2. 객기(客氣)의 문화적 함의

- 오기(傲氣)의 한국 문화

  ⇒ 낯선 곳, 위기에서의 자아팽창 민족성
  해외 진출, IMF 위기 / 코로나19 위기

- 겸손(謙遜)의 중국 문화

  ⇒ 낯선 곳, 위기에서의 자아축소 민족성
  만리장성, 송대 이래 북방 이민족 유화 정책

2.1 중국의 겸손

- 중국은 익숙한 것에 익숙한 문화
- 한자 / 중국어의 표현

  生(생) = 낯설다 / 날 것 거부감
  熟(숙) = 익다 / 익숙하다

- 황하 한족 : 익숙한 정착 문화 요소 선호
  주인(Home)에 익숙,
  객(Away)은 낯설어 하는 문화

2.2 한국의 오기

- 한반도 한민족 유목 민족의 이동 유전자 공유
- 한국은 낯선 환경에 잘 적응하는 문화

  예) 한국인은 날음식도 선호 : 육회, 생선회

- 중국인은 황하문명 농경정착문화 유전자로 익힌 음식,
  충분히 조리된 음식 선호

  예) 速食(sù shí) = 速死(sù sǐ)

  미국식 fast food 상대적 비인기

3. 오기와 객기의 충돌

* 중국 축구의 절망 : 공한증(恐韓症)

    ⇒ 낯설은 객(客)이 되었을 때 자아축소의 결과

* 중국 축구의 소망 : 공한증(恐漢症)

    ⇒ 익숙한 주인이 되었을 때 자아팽창 활용
    < 객(客)이 된 위기 속 본능적 자아팽창 민족성

오기와 객기의 충돌

* 대만인의 최애(最愛) 스포츠 농구와 야구

    이중희 선수의 대만 농구 국가대표팀의 안방 텃세 제압
    신사(神射)로 존경

* 대만인의 한국인 평가

    "한국은 하는데, 우리는 왜 못하는가?"

    오기의 실천(敢做敢當) / 兇(흉 = 사납다!)

4. 오기와 객기의 심층

* 객기는 한국 문화에서는

    개인에게 향상심의 긍정 에너지
    단체에게 집단적 사회 발전 동력으로 전환

    저항 정신 배양의 바탕 심성이 되어,
    아시아 최초의 온전한 민주주의 실현

오기와 객기의 심층

객기는 중국 문화에서는

  개인에게 겸손의 미덕을 배양하는 작용
  단체로 확대되면 부당한 권력에 순응, 저항할 줄
  모르고 영원히 '한 그릇 밥(一碗飯)'에 자족

  통치자는 마음껏 통치하는 구조의 바탕이 되는 심성

2-1강
한자(漢字)의 구성

한자를 만든 원리 : 육서(六書)

1. 상형 象形
2. 지사 指事
3. 회의 會意
4. 형성 形聲
5. 전주 轉注
6. 가차 假借

1. 상형(象形)

- 사물의 형상을 본떠서 만든 글자
- 대부분의 한자는 상형에서 출발
- 한자를 형성하는 기본

예) 日(일), 月(월), 山(산), 水(수), 魚(어)
　　人(인), 目(목), 木(목), 火(화), 羊(양)

상형(象形) 한자

상형(象形) 한자

2. 지사(指事)

- 사물의 추상적인 개념을 기호로 표현한 한자

  예) ① 숫자(一, 二, 三, 四, 五, 七, 八, 九, 十)

  ② 上(상), 中(중), 下(하)

  ③ 本(본), 末(말)

  ④ 天(천)

지사(指事) 한자

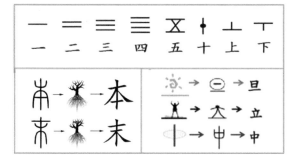

3. 회의(會意)

- 기존의 둘 이상 한자가 뜻에 따라 합해져 하나의 새로운 문자를 만들어 다른 뜻을 나타내는 한자

  [뜻 + 뜻 = 새로운 뜻]

  예) 日 + 月 = 明(밝을 명)

  　　木 + 木 = 林(나무 + 나무 ⇒ 수풀 림)

  　　信(신), 東(동), 好(호), 休(휴), 男(남)

회의(會意) 한자

4. 형성(形聲)

- 이미 만들어진 글자를 합하여 하나의 문자를 나타냄

- 회의자가 뜻에 따라 합쳐진 것임에 반하여, 형성자는 한쪽은 음을 나타내고 다른 한쪽은 뜻을 나타냄

- [뜻 + 음 = 새로운 뜻]

형성 한자의 예

- 宙(집 주): '宀'에서 뜻을, '由(유)'에서 음을 취함

- 球(공 구): '玉'에서 뜻을, '求(구)'에서 음을 취함

- 決 터질 결, 抉 도려낼 결, 訣 이별할 결

- 絹 비단 견, 鵑 두견새 견, 譴 꾸짖을 견

5. 전주(轉注)

- 기존 글자의 뜻에서 전혀 다른 또는 비슷한 뜻으로 전환되는 한자

- 相 : 서로 상 ⇒ 相互(상호), 相生(상생)
  재상 상 ⇒ 宰相(재상), 首相(수상)
  얼굴 상 ⇒ 面相(면상), 相好(상호)

- 樂 : 풍류 악 ⇒ 音樂(음악), 風樂(풍악)
  즐거울 락 ⇒ 快樂(쾌락), 樂園(낙원)
  좋아할 요 ⇒ 樂山樂水(요산요수)

6. 가차(假借)

- 글자의 뜻과는 상관 없이, 음이 같거나 비슷한 글자를 빌려 와서 같은 뜻으로 쓰는 한자

  1) 유사한 음 또는 형태를 빌려 씀
     예) 舍(집 사) ⇒ 捨(버릴 사)
       然(그러할 연) ⇒ 燃(사를 연)

  2) 의성어, 의태어, 불가(佛家)에서 쓰는 용어

  3) 외국어 표기(佛蘭西, 巴利, 羅馬, 亞細亞 등)

2-2강
한자(漢字)의 서체

한자의 글씨체

1. 갑골문 甲骨文
2. 전서 篆書
3. 예서 隸書
4. 해서 楷書
5. 행서 行書
6. 초서 草書

글자의 예술

인쇄체	갑골문	금문	소전	예서	해서	초서	행서
虎				虎	虎		虎
象				象	象		象
鹿				鹿	鹿		鹿
鳥				鳥	鳥鳥		鳥

1. 갑골문(甲骨文)

- 1899년 은의 폐허(은허, 河南 安陽市 小屯村)에서 국자감 좨주(祭酒) 왕의영(王懿榮)이 학질에 걸려 이른바 '용골(龍骨)'이란 약제에서 최초로 발견한 중국의 고대 문자

- 거북이의 배 딱지[龜甲(귀갑)]와 짐승의 견갑골[獸骨(수골)]에 새겨진 상형문자

갑골문(甲骨文)

갑골문(甲骨文)

人	禾	孕	鸟	尿
牛	羊	目	屎	水
尾	马	鹿	网	门
栅	山	火	酒	雨
包	囚	日	月	象

갑골문(甲骨文)

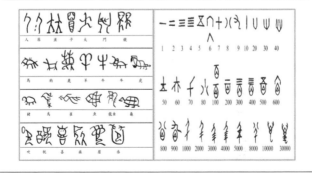

2. 전서(篆書)

2.1 대전(大篆)

* 서주(西周) 말기부터 사용한 한자체, 태사(太史) 주(籀)가
  만들었다고 해서 주문(籀文) 또는 사주(史籀)로 불림
* 넓은 의미로 소전(小篆) 발명 이전의 모든 문자 곧 갑골문,
  주문, 금문(金文), 과두문(蝌蚪文) 등을 포괄
  좁은 의미로는 단지 주문만 가리킴
* 서예에서 가장 오래된 서체
  주의 동천(東遷)으로 널리 통용되지 못함

대전(大篆)

* 종정문(鐘鼎文) : 고대 은(殷)·주(周)시대에
  청동 기물에 새긴 서체

종정문(鐘鼎文)

* 일명 고문(古文), 금문(金文), 금석문(金石文)

종정문(鐘鼎文)

석고문(石鼓文)

- 중국 최초의 석각문 4언 엽갈(獵碣)

2.2 소전(小篆)

- 진시황(秦始皇) 천하통일 이후 "書同文車同軌(서동문 차동궤)" 정책 시행에 따라 문자 통일을 위해 재상 이사(李斯)가 대전을 간략하게 변형해 단순화, 규격화한 서체

- 서체가 아름답고 고풍스런 멋이 있어 대대로 서예가들 애호

- 필획이 복잡하고 글자의 상하좌우가 대칭을 이루어 위조를 막기 위해 인장(印章)의 서체로 가장 많이 채택

소전(小篆)

소전체 누실명(陋室銘)

山不在高, 有仙則名;
水不在深, 有龍則靈。
斯是陋室, 惟吾德馨。

당 유우석(劉禹錫)의 「누실명(陋室銘)」

山不在高, 有仙則名; 水不在深, 有龍則靈。
산부재고 유선즉명 수부재심 유룡즉령

산은 높아서가 아니라 신선이 살면 명산이 되고,
강은 깊어서가 아니라 용이 살면 신령해진다.

斯是陋室, 惟吾德馨。
사시누실 유오덕향

여기에 지은 집 누추해도 나의 덕 향기만 가득하리.

대전(大篆) vs 소전(小篆)

대전	大 篆 小 篆 的 特 點 與 區 別
소전	大 篆 小 篆 的 特 點 與 區 別
대전	馬 牛 羊 山 水 日 月
소전	馬 牛 羊 山 水 日 月

3. 예서(隸書)

- 천한 일을 하는 노예라도 알아볼 수 있을 만큼 쉬운 글씨체라는 뜻

- 소전(小篆)의 번잡함을 생략하여 만든 서체

- 한대(漢代)에 유행, 한자 서체의 전환점

예서(隸書)

4. 해서(楷書)

- 예서(隸書)에서 발전, 바르게 또박또박 쓰는 서체

- 후한(後漢)의 왕차중(王次仲) 제작설

- 현행 한자의 표준서체

해서(楷書)

해서(楷書)

5. 행서(行書)

- 해서(楷書)의 획을 약간 흘려 쓴, 해서와 초서(草書) 중간 정도의 서체
- 당(唐) 장회관(張懷瓘): "진(眞)도 아니고 초(草)도 아닌 것"
- 동한(東漢)의 유덕승(劉德昇)이 창시
- 왕희지(王羲之)·왕헌지(王獻之) 부자에 이르러 완성

왕희지(王羲之)의 난정서(蘭亭序)

조맹부(趙孟頫)가 쓴 누실명(陋室銘)

해서?
행서?

6. 초서(草書)

- 필획을 가장 흘려 쓴 서체
- 행서 출현 이후 이를 빨리 쓸 수 있도록 짜임새와 필획(筆劃)을 간략화(簡略化)한 서체
- 정취나 영감에 의해 극도로 자유분방
- 서법가(書法家)의 개성을 발휘하기 용이

초서(草書)

- 문자가 실용적 성격에서 유희적 성격을 띤 예술영역 도달에 교량 역할
- 서예사적 의의 지대(至大)
- 초서의 종류 : 장초(章草)
  금초(今草)
  광초(狂草)

6.1 장초(章草)

- 초서는 서한 원제(元帝) 때 사유(史游)가 창안, 그가 쓴 『급취장(急就章)』으로 인해 장초라 명명
- 한(漢) 장제(章帝)와 위(魏) 문제(文帝)가 초서로 장주(章奏)하라 명해서 장초라 명명(다수설)
- 거의 행서와 초서 사이

장초(章草) 급취장(急就章)

6.2 금초(今草)

- 오늘날 가장 흔히 사용되는 초서, 일명 소초(小草)

장초(章草)와 금초(今草)

3.3 광초(狂草), 일명 대초(大草)

- 금초를 더욱 자유분방하고 다채롭게 흘려 쓴 초서

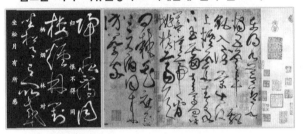

당승(唐僧) 회소(懷素)의 「자서첩(自叙帖)」

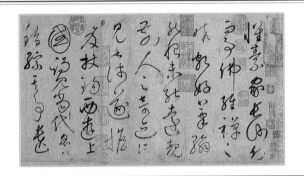

김정희(金正喜) 추사체(秋史體)

불계교졸(不計巧拙)

세한도(歲寒圖)

3-1강
한문(漢文)의 분류
경(經)

목 차

1. 한문의 분류

1.1 학문 분야에 따른 분류

* 문(文): 문학

  사(史): 사학

  철(哲): 철학

한문의 분류

2.2 서적에 따른 분류

* 경(經): 유가 경전

  사(史): 역사서

  자(子): 제자백가서

  집(集): 개인 저작집

2. 경(經): 유가 경전

- 6경: 선진(先秦)시대의 유가 경전
  시(詩), 서(書), 역(易), 예(禮), 악(樂), 춘추(春秋)

- 5경: 서한(西漢)시대의 유가 경전
  시(詩), 서(書), 역(易), 예(禮), 춘추(春秋)

- 9경: 동한(東漢) 반고(班固)의 『한서 · 예문지 · 육예략』
  역(易), 서(書), 시(詩), 예(禮), 악(樂), 춘추(春秋)
  논어(論語), 효경(孝經), 소학(小學)

2.1 한대 5경

- 시: 모시(毛詩)

- 서: 금문상서(今文尙書)29편

- 역: 주역(周易)

- 예: 의례(儀禮), 예기(禮記), 주례(周禮)

- 춘추: 공양전(公羊傳), 곡량전(穀梁傳), 좌씨전(左氏傳)

삼례(三禮)

- 『의례(儀禮)』, 『예기(禮記)』, 『주례(周禮)』
- 서한 초기의 '예' 박사: 『의례(17편)』
  고대의 관(冠), 혼(婚), 상(喪), 제(祭), 사(射), 어(御),
  조(朝), 빙(聘) 등 세속의 구체적 예의범절을 기재
- 한무제 오경박사 성립 당시의 '예' 박사: 『예기』
  ⇒ 예의 추상적 도리를 기재
- 『주례』: 출토된 고문경서, 『일례(逸禮)』 또는 『주관
  (周官)』 ⇒ 모두 6편, 국가의 제도를 기재

춘추삼전(春秋三傳)

『곡량(穀梁)』, 『공양(公羊)』, 『좌전(左傳)』

- 춘추공양전 / 공양춘주
  경문의 뜻 해설 위주, 미언대의(微言大義) 가장 많이 발명

- 춘추곡량전 / 곡량춘주
  경문의 뜻 해설 위주, 공자의 말 가장 많이 기재

- 춘추좌씨전 / 좌씨춘주
  역사적 사실 기술 위주, 경문의 뜻 해설 적음

2.2 13경과 사서삼경

- 13경 : 역, 서, 시
  　　　주례, 예기, 의례
  　　　좌전, 공양전, 곡량전
  　　　논어, 효경, 이아, 맹자

- 남송 광종(光宗) 때 13경 합간본 출간

- 청 건륭(乾隆)황제가 완원(阮元)을 시켜 『십삼경주소(十三經注疏)』 완성

사서삼경(四書三經)

- 4서
  논어(論語), 대학(大學), 중용(中庸), 맹자(孟子)

- 3경
  시경(詩經), 서경(書經), 역경(易經)

사서삼경의 성립

- 남송 효종 때 주희가 구주를 배격하고 신경학 집대성
- 『논어』와 『맹자』, 『예기』 중 『대학』과 『중용』 두 편을 따로 뽑아 독립된 경서로 편집
- 『논어집주』, 『맹자집주』, 『대학장구』, 『중용장구』를 '사서집주(四書集注)'라 명명
- 『주역본의(周易本義)』, 『시집전(詩集傳)』, 『서집전(書集傳)』을 '삼전'이라 명명, 새로운 학설 제시

사서(四書)의 성립

- 『논어』는 공자의 어록, 공자 가르침 직접 전하는 경전
- 『대학』과 『중용』은 유가 학설의 뛰어난 개론서
- 『맹자』는 송대 이학(理學)이 흥성하면서 맹자의 성선설(性善說)과 사단설(四端說)을 특히 중시 받아 마침내 4서의 한 자리를 차지
- 주자 이후로 4서는 공문(孔門)의 도통을 보여주는 경전으로 높이 떠받들어짐

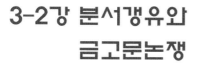

3-2강 분서갱유와
금고문논쟁

목 차

1. 분서갱유(焚書坑儒)

2.1 진 시황제 34년(B.C.213) 분서(焚書)

- 옛 제(齊)나라 출신 박사 순우월(淳于越)이 주대의 봉건제 회복을 건의

- 재상 이사(李斯)가 옛 제도로 현재를 비판한다며 분서 건의

- 국가의 태학 소장본 경서와 자서 제외, 농업서 · 점복서 · 의학서 · 기술서 등 생활에 필요한 서적 제외

- 이외에 모든 서적 소각, 민간의 서적 소장 일괄 금지

서적을 태우다

1. 분서갱유(焚書坑儒)

1.2 진 시황제 35년(B.C.212) 갱유(坑儒)

- 불로약 제조에 실패한 술사 후생(侯生)과 노생(盧生) 등이 진 시황제를 비방하는 말 유포

- 사실상 시황제 폭정과 실정 비판

- 격노한 시황제가 체포령을 내려 사건 관련자 460명 생매장

- 태자 부소(扶蘇)가 시황제에 이들 모두 공자 말씀을 외우고 본받는 유생이라며 만류, 시황제가 부소를 북방으로 내쫓음

유생들을 생매장하다

분서(焚書)와 갱유(坑儒)를 피하여

- 일부는 산속으로 책을 짊어지고 도피

- 일부는 책을 벽장 등 집안에 은닉하고 도피

- 일부는 책을 내용을 외우고 도피

2. 서한(西漢)의 문치 전환

1.1 경서 복원

서한 혜제(惠帝)4년(B.C.191)에 협서률(挾書律) 해제,
경서 복원 작업

　　예) 복생(伏生)이 전하는 『금문상서(今文尚書)』,
　　　　『삼가시(三家詩)』 등 모두 예서(隷書)로 작성

- 　예서: 한나라 때 유행한 서체

명 두근(杜菫)의 복생수경도(伏生授經圖)

2.2 오경박사의 설립

- 서한 무제 때 동중서가 "파출백가(罷黜百家), 독존유술
  (獨尊儒術)" 건의, 한 무제가 받아들여 유학의 국교화 성취

- 건원(建元)5년(B.C.136)에 『역(易)』과 『의례(儀禮)』
  박사 증설

- 문제(文帝)와 경제(景帝) 때 세운 『시(詩)』, 『서(書)』,
  『춘추(春秋)』 박사와 합해 5경박사 설립

- 박사제자원(弟子員) 50명, 성제 때는 3,000명까지 증설

2.3 고문경의 출토

- 서한 무제(武帝) 말년에 경제(景帝)의 아들 노공왕(魯恭王)이 공자의 고택 터에 궁궐 건축

- 공자의 고택을 허물다가 담벽 이른바 노벽(魯壁)에서 진나라 이전의 고문(古文)으로 작성된 경서가 대량으로 출토

  예) 고문상서, 주례, 춘추좌전, 논어, 효경

공안국과 『상서(尙書)』

- 공자(孔子)의 제12대 후손이자 무제 때의 『상서』 박사 공안국(孔安國, B.C.156?~B.C.74년?)

- 공벽의 고문본 『상서』 45권 중 금문본 『상서』 29권과 중복된 부분을 제외한 『일서(逸書)』 16권을 얻음

- 무고(巫蠱)의 해를 입어 학관에 세우지 못함

- 공안국이 전한 『일서(逸書)』는 왕망(王莽)조에 한때 학관에 세워졌다가 실전, 현존 고문본 『상서』는 위조되었다고 해서 『위고문상서(僞古文尙書)』라고 칭함

공자 고택 노벽(魯壁)

2.4 금고문논쟁의 서막

- 서한 성제(成帝)의 명을 받고 유흠(劉歆)이 부친 유향 (劉向)을 도와 황궁 비부(祕府 = 오늘날 국립도서관에 해당)에 소장한 도서를 정리, 선진(先秦) 경서 대량 발견

- 공벽(孔壁)에서 출토된 고문으로 된 『상서(尙書)』와 『일례(逸禮)』(= 『주례(周禮)』)의 발견을 공표

- 비부(祕府)에 소장된 좌구명(左丘明)의 『춘추좌전(春秋 左傳)』을 소개

유흠(劉歆)의 도발

- 『이서양태상박사(移書讓太常博士)』을 올려 『좌전』 등 고문경을 학관(學官)에 들일 것을 주장

- 태상박사들을 '불완전한 잔재'를 껴안고 지킨다고 맹비난

- 무례한 언동에 태상박사들 격노, 유흠이 하내태수(河內 太守)로 좌천되길 자청해 금문경학의 승리로 일단락

- 금문가들은 유흠이 비각을 관장하면서 고문경을 위조(僞造) 했다고 반격, 본격적으로 금고문논쟁의 서막이 열림

3. 금문경과 고문경

금문경	고문경
한대 유행한 예서(隷書)로 옮겨 쓴 경서	진나라 이전의 6국문자인 주서(籒書)나 진대의 소전 (小篆)으로 작성된 경서
이를 연구하는 학문을 금문경학 혹은 금문학	이를 연구하는 학문을 고문경학 혹은 고문학
이를 연구하는 학자를 금문학가 혹은 금문가	이를 연구하는 학자를 고문학가 혹은 고문가

금문경과 고문경

	금문경	고문경
서경	금문상서 29편	고문상서 45편
시경	삼가시(三家詩) (노시, 제시, 한시)	모시(毛詩) 모공(毛公)이 전함
예경	의례, 예기 (소대예기, 대대예기)	주례
춘추	공양전, 곡량전	좌구명의 좌씨전
논어	제론(齊論), 노론(魯論)	고론(古論)

금문경학과 고문경학

	금문학(今文學)	고문학(古文學)
(1)	공자(孔子)를 숭상	주공(周公)을 숭상
(2)	공자는 천명 받은 소왕(素王)	공자를 선사(先師)로 존숭
(3)	공자는 철학가, 정치가, 교육가	공자는 사학가에 가까움
(4)	6경은 공자의 저작	6경은 고대의 사료

금문경학과 고문경학

	금문학(今文學)	고문학(古文學)
(5)	공자 : 탁고개제(託古改制) 복고를 내세워 현재 제도를 개혁	공자 : 술이부작(述而不作) 설명하되 짓지 않음 신이호고(信而好古) 옛 것을 믿고 좋아함
(6)	미언대의(微言大義) 위주의 『춘추공양전』 중시	사건의 사실적 기술 위주의 『춘추좌씨전』 중시
(7)	경학파(經學派)에 속함	사학파(史學派)에 속함

4-1강
한문(漢文)의 분류
사(史)

자랑스러운 기록문화유산

조선왕조실록
朝鮮王朝實錄

승정원일기
承政院日記

비변사등록
備邊司謄錄

3. 사(史)

- 기술(記述) 방식에 따른 한문 역사서의 분류

    1) 편년체(編年體)

    2) 기전체(紀傳體)

    3) 국별체(國別體)

    4) 기사본말체(紀事本末體)

2.1 편년체(編年體)

- 사건이 발생한 시간 순서에 따라 역사를 기술하는 방식
- 공자의 『춘추(春秋)』
- 좌구명의 『춘추좌전(春秋左傳)』
- 위(魏)나라 안리왕(安釐王)의 묘에서 출토된 『죽서기년(竹書紀年)』
- 북송 사마광(司馬光)의 『자치통감(資治通鑑)』

2.2 기전체(紀傳體)

- 본기(本紀)와 열전(列傳)을 바탕으로 시간 순서대로 역사사건을 기술하는 방식
- 기전체 역사서의 가장 큰 특징은 대량의 인물전기
- 인물의 어록과 사건 기록의 진일보한 결합
- 사마천(司馬遷)의 『사기(史記)』

(1) 『사기(史記)』

- 동양 사서(史書)의 금자탑

- 전설상 황제(黄帝)부터 사마천(司馬遷)이 생존한 한나라 무제(武帝)4년까지의 역사 기록

- 본기(本紀)12권, 세가(世家)30권, 열전(列傳)70권, 서(書)8권, 표(表)10권으로 구성

- 모두 130편, 526,500자 남짓

『사기(史記)』에 대한 평가

- 루쉰(魯迅)의 평가:

  "역사가의 절창이며, 운률이 없는 「이소」

  (史家之絶唱, 無韻之離騷)!"

『사기(史記)』의 체재

- 본기(本紀): 제왕의 사적
- 세가(世家): 제후와 귀족의 사적
- 열전(列傳): 각 방면 대표인물의 전기
- 서(書): 예제, 관제 및 경제제도를 기록
- 표(表): 세표(世表), 연표(年表), 세계표(世系表), 인표(人表) 등 복잡한 사회와 역사 정황, 열전에서 제외된 각종 인물을 표시

『사기(史記)』의 체재

* 사론(史論)

  권수(卷首)서문과 권후(卷後)서문을 포함한 역사인물과 사건에 관한 평론, 혹은 서술한 내용의 유래와 종지를 기술

  특히 '본기'를 마친 후에 정치상의 득실과 흥망성쇠에 관한 평론에 치중하여 사가 자신의 역사적 견해를 반영

(2) 『한서(漢書)』

* 후한(後漢)시대 반고(班固)가 편찬한 전한(前漢)의 역사서
* 한(漢) 고조 유방(劉邦)이 한을 건국한 B.C.206년부터 왕망(王莽)의 신(新)나라가 망한 24년까지의 역사를 기술
* 일명 『전한서(前漢書)』
* 『사기』와 함께 정사(正史)의 모범, 병칭해 '사한(史漢)'

『한서(漢書)』의 체재

* 기전체(紀傳體)
* 본기(本紀)12편, 열전(列傳)70편, 표(表)8편, 지(志)10편
* 후대에 다시 120권으로 나뉨
* 『사기』와 달리 세가(世家)가 없는 것이 특징

2.3 국별체(國別體)

- 국가를 단위로 역사사건을 기술하고 편찬하는 방식

- 국별체의 대표 사서:

    『국어(國語)』

    『전국책(戰國策)』

    『삼국지(三國志)』

(1) 『국어(國語)』

- 중국 최초의 국별체 사서

- 춘추 말기 인물 좌구명(左丘明)의 저작으로 전해짐

- 주(周)나라 목왕(穆王)~전국(戰國)시대 초기 노(魯)
  도공(悼公)까지 주, 노, 제(齊), 진(晉), 정(鄭), 초(楚),
  오(吳), 월(越) 등 8국의 역사

『국어(國語)』

- 춘추시대에 맹인 사관을 두어 전문적으로 고금의 역사를
  암송하여 강술

- 맹인 사관이 강술한 역사고사를 책으로 엮었을 때 이를
  '어(語)'라고 명명

- 역사를 국가별로 구분하여 '주어(周語)', '노어(魯語)'
  등으로 명명하고 전체를 『국어』라고 총칭

- 기사가 『춘추』보다 상세하고 묘사가 생동적

(2) 『전국책(戰國策)』

- 중국 전국(戰國)시대의 사료 총집
- 서한(西漢)의 유향(劉向)이 33편, 약 12만 자 정리
- 서주(西周)·동주(東周)·진(秦)·제(齊)·초(楚)·연(燕)·조(趙)·위(魏)·한(韓)·송(宋)·위(衛)·중산(中山) 등 12국책(國策)으로 구성, 『전국책』으로 명명
- '전국(戰國)'시대라는 명칭이 여기에서 유래

『전국책(戰國策)』

- 전국시대 책사(策士)의 저작과 사신(史臣)의 기술을 포괄
- 춘추 말기 B.C.490년 진(晉)의 지백(智伯)이 범씨(范氏)를 멸한 사건부터 B.C.221년 고점리(高漸離)의 진시황 암살 기도까지 245년간의 전국시대 종횡가(縱橫家)의 책략을 기재, 전국시대의 특징과 사회상 전시
- 기재 내용 일부는 역사라기보다는 허구가 포함된 문학적 이야기에 가까움

(3) 『삼국지(三國志)』

- 진(晋)의 진수(陳壽)가 집필
- 위(魏), 촉(蜀), 오(吳) 삼국의 역사
  조위(曹魏)를 정통으로 기술
- 원말 명초에 나관중(羅貫中)이 지은 장회(章回)소설
  『삼국연의(三國演義)』와는 별개의 정사(正史)
- 중국 24사(史) 중 평가 가장 높은 전4사(前四史) 중 하나
- 전4사: 『사기』, 『한서』, 『후한서』, 『삼국지』

2.4 기사본말체(紀事本末體)

- 역사를 사건의 시말에 따라 기술하는 편찬 체재

- 기전체, 편년체와 함께 사서 3대 체재 중 하나

- 남송(南宋)의 사가 원추(袁樞)가 사마광(司馬光)의
  『자치통감(資治通鑑)』을 읽고 총 239 사건의 시말을
  기술한 『통감기사본말(通鑑紀事本末)』이 창시

- 『송사(宋史)기사본말』, 『명사(明史)기사본말』
  『좌전(左傳)기사본말』, 『삼국유사(三國遺事)』

2.5 『이십오사(二十五史)』

- 중국의 정사(正史), 모두 기전체(紀傳體)

- 사기(史記), 한서(漢書), 후한서(後漢書), 삼국지(三國志)
  진서(晉書), 송서(宋書), 남제서(南齊書), 양서(梁書)
  진서(陳書), 위서(魏書), 북제서(北齊書), 주서(周書)
  수서(隋書), 남사(南史), 북사(北史), 신당서(新唐書)
  신오대사(新五代史), 송사(宋史), 요사(遼史), 금사(金史)
  원사(元史)

- 구당서(舊唐書), 오대사(五代史), 명사(明史), 신원사
  (新元史)

2.6 우리나라의 사서(史書)

- 김부식(金富軾)의 『삼국사기(三國史記)』

  ⇒ 현존 가장 오래된 기전체 사서
     신라를 정통으로 보아 신라에 대한 기술 분량이
     고구려와 백제보다 훨씬 많음

- 승려 일연(一然)의 『삼국유사(三國遺事)』

  ⇒ 5권 9편 144항목으로 구성된 기사본말체 사서
     단군신화를 포함한 야사와 민간전설 다량 기술

『삼국사기』 와 『삼국유사』

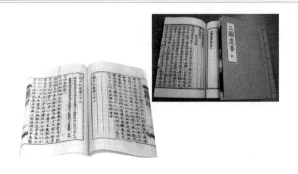

우리나라의 사서(史書)

* 정인지(鄭麟趾) 등의 『고려사(高麗史)』

  1451년(문종 원년) 8월에 완성된 기전체 사서
  『삼국사기』가 황제국 체재로 본기(本紀)를 기술한 반면,
  『고려사』는 제후국의 체재인 세가(世家)로 구성

* 김종서(金宗瑞) 등의 『고려사절요(高麗史節要)』

  1452년에 『고려사』를 축약해 편찬한 편년체 사서
  『고려사』에 누락된 연월(年月)순서로 기술, 사료 가치 높음
  역대 사가의 사론 모두 기재, 사학사상 연구에 귀중한 사서

『고려사』 와 『고려사절요』

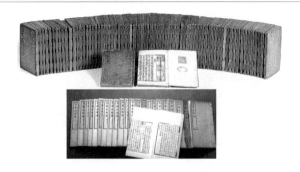

『조선왕조실록(朝鮮王朝實錄)』

- 조선왕조 태조 이성계 ~ 철종에 이르기까지 25대, 472년 간의 역사를 기록한 편년체 사서
- 권수로 치면 중국 명대 실록이 더 많으나, 실제 지면수는 『조선왕조실록』이 능가, 분량 측면에서 세계 제일
- 사관(史官)이 왕과 주변 언행 기록해 사초(史草) 작성
- 3년마다 사초와 각 관청 기록물 모아 시정기(時政記) 별도 작성, 의정부와 사고(史庫)에 보관

『조선왕조실록(朝鮮王朝實錄)』

- 국왕이 서거하면 실록청 설치, 죽은 국왕의 실록 편찬
- 한국을 비롯해 중국, 일본, 베트남 등 유가문화권 왕조 모두 실록 작성
- 조선왕조 유일하게 왕의 사초와 시정기 관람 불허, 가장 실록의 공정성과 독립성 유지
- 기록의 왜곡이나 고의적인 탈락이 없어 내용 가장 충실
- 다른 나라 실록 모두 원본 소실, 유일하게 원본 보존

『조선왕조실록(朝鮮王朝實錄)』

사초 작성과 실록 편찬

『승정원일기(承政院日記)』

- 조선왕조 인조1년(1623) 음력5월 ~ 순종4년(1910)까지 승정원에서 왕명 출납, 행정 사무 등을 매일 기록한 일기

- 승정원의 주서(注書)와 가주서(假注書)가 매일 기록

- 다른 사서에 기재하지 않는 기밀 내막을 대량 수록

- 왕조의 공적 기록 『비변사등록(備邊司謄錄)』, 『일성록(日省錄)』과 함께 국정 결과에 대한 1차 사료로 가치가 실록을 능가함

『승정원일기』의 내용

- 월별로 구분, 각 권 서두에 월별 권강(勸講), 소대(召對), 개정(開政) 및 내전(內殿)의 동정을 기록

- 일별로 첫머리에 간지와 날씨, 승지와 주서(注書) 명단, 당일 당직자와 승지와 주서 출근 여부 기재

- 이어서 국왕의 소재, 국왕과 내전의 문안, 경연 출석 여부, 이·병조의 인사, 분방(分房)의 품계와 전지(傳旨), 상소와 전지, 끝으로 개정·소대·경연 기사 순서로 기재

『승정원일기』의 가치

- 총 3243책, 2억4250만 자에 달하는 방대한 분량

- 단일 사료로는 세계 최대 규모의 단대사(斷代史) 문헌

- 세계 최대 및 1차 사료로서의 가치를 인정받아 2001년에 유네스코 세계기록유산으로 등재

규장각 소장 『승정원일기』

『승정원일기』 기재 형식과 서체

『비변사등록(備邊司謄錄)』

- 조선왕조 중·후기 중종5년(1510)~고종2년(1865)까지 존속한 국가 최고의사결정기관 비변사의 일기체 활동 기록
- 실무자 낭청(郎廳)이 작성, 오늘날 국회 속기록에 해당
- 1년에 1책이 원칙, 사건이 많을 때는 1년에 2,3책 간행
- 『조선왕조실록』, 『승정원일기』와 함께 조선왕조 3대 관찬 사료이자 『승정원일기』, 『일성록』과 함께 1차 사료로 활용됨

『비변사등록(備邊司謄錄)』

- 조선시대의 경제, 사회, 군사 및 붕당정치 전공자에겐 『조선왕조실록』보다 중요시
- 실록에 없는 내용이 상세히 기재, 당시 최고권력기관 이었던 비변사의 기록이어서 부결된 안건까지 기재되어 매우 의미 있는 사료

『비변사등록』

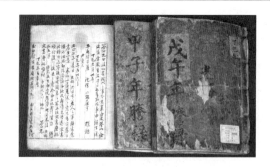

『일성록(日省錄)』

- 조선왕조 영조28년(1752) ~ 순종4년(1910)까지의 국왕 동정과 국정 제반 사항을 기록한 일기체 정무일지

- 왕의 입장에서 편찬한 일기 형식이나 실제로 정부 공식기록

- 정조의 세손에 작성한 『존현각일기(尊賢閣日記)』로 출발, 훗날 국왕의 업무가 많아지자 규장각신(奎章閣臣) 중심으로 매일의 일을 신하들이 기록하는 체제로 전환

『일성록(日省錄)』

- 명칭은 『논어』에서 증자(曾子)가 "날마다 세 가지 일로 자신을 반성한다(日三省吾身)." 라고 한 말에서 유래

- 유학의 덕치(德治) 실현을 위해 국왕이 통치의 거울로 쉽게 이용 가능한 국가운영 참고자료 필요

- 신하들도 전고(典故)를 살피거나 사실을 확인할 필요가 있을 경우 허락을 얻어 수시로 이용

- 후대에는 국정 성찰 목적보다 국정 참고자료와 역사 기록 의미가 더욱 커짐

『일성록』

우리나라 대표 사서

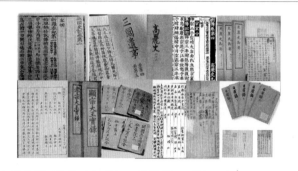

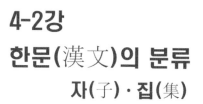

4-2강
한문(漢文)의 분류
자(子)·집(集)

4. 자(子)

- 자(子)는 원래 중국 고대 사대부에 대한 통칭
  때로는 자신의 스승에 대한 존칭

- 성씨 + 子:
  사상 도덕과 학문 및 지위를 갖춘 인물에 대한 존칭
  곧 학문이나 사상 한 분야의 최고 경지에 이른 인물에
  대한 존칭

- 자서(子書) = 춘주전국시대 제자백가서(諸子百家書)

4.1 제자백가(諸子百家)의 정의

- 제자(諸子): 선진(先秦)시대의 노자·공자·장자·묵자·
  맹자·순자·한비자 등 학술사상의 대표 인물

- 백가(百家): 유가·도가·묵가·명가·법가 등 선진
  시대의 대표적 학술 유파

- 제자백가: 선진시대 대표적인 학술사상을 주장한 인물과
  유파에 대한 총칭

4.2 제자백가(諸子百家)의 분류

- 서한 사마담(司馬談)의 분류: 6가(六家)

  음양가(陰陽家), 유가(儒家)
  묵가(墨家), 법가(法家)
  명가(名家), 도가(道家)

  사마천(司馬遷)의 『사기(史記)』

제자백가의 분류

• 동한 반고의 분류 : 구류십가(九流十家)

유가(儒家), 도가(道家), 음양가(陰陽家)
법가(法家), 명가(名家), 묵가(墨家)
종횡가(縱橫家), 잡가(雜家), 농가(農家)
소설가(小說家)

『한서 · 예문지(藝文志) · 제자략(諸子略)』

제자백가의 분류

학파(學派)	대표 인물	저서
유가(儒家)	공자(孔子), 맹자(孟子) 순자(荀子)	오경, 13경 순자
도가(道家)	노자(老子), 장자(莊子) 열어구(列禦寇)	노자, 장자 열자
묵가(墨家)	묵자(墨子), 금활리(禽滑釐) 맹승(孟勝), 전양자(田襄子)	묵자

제자백가의 분류

법가(法家)	관중(管仲), 상앙(商鞅) 한비(韓非), 이사(李斯)	상군서(商君書) 한비자(韓非子)
명가(名家)	등석(鄧析), 혜시(惠施) 공손룡(公孫龍)	공손룡자 등석자
음양가 (陰陽家)	주연(鄒衍)	실전
농가(農家)	허행(許行)	실전

제자백가의 분류

종횡가 (縱橫家)	귀곡자(鬼谷子) 장의(張儀), 소진(蘇秦)	귀곡자(鬼谷子)
소설가 (小說家)	청사자(靑史子), 우초(虞初)	청사자(靑史子) 수신기(搜神記)
잡가(雜家)	여불위(呂不韋)	여씨춘추(呂氏春秋) 회남자(淮南子)
병가(兵家)	손자(孫子), 오기(吳起)	손자병법(孫子兵法)

4.3 소설 경시

- 『한서·예문지(藝文志)·제자략(諸子略)』 :
  "볼만한 것은 9가 뿐"
  제자 십가(十家) 중 소설가를 가장 끝에 배열
- 소설만 체계적 일가(一家)로 불인정, 보존 목록과 내용을
  소개에서 제외
- 소설 경시 전통을 반영, 소설이 중국에서 크게 성행하지
  못한 주요 원인 중 하나

「제자략」의 서문

- "소설가 일파는 대체로 패관에서 나왔으며, 길거리나
  골목에 떠도는 이야기를 길에서 듣고 떠드는 자가 지어낸
  것이다(小說家者流，盖出于稗官，街談巷說，道聽塗
  說者之所造也)."
- 소설은 시정(市井) 백성들이 거리에서 전해지는 화제
  또는 저자에서 얻어듣거나 설왕설래되는 전설 등을 모아서
  편집하거나 만들어낸 이야기

소설 경시와 소설 본질의 파악

- 여기서의 '造(조)'자는 매우 의미심장하고 중요함

- 造 = 조작, 동시에 造 = 창조 곧 허구

- 소설은 허구를 창작하는 작업

- 소설을 경시했으면서도 소설의 본질은 잘 파악한 아이러니

5. 집(集)

5.1 집의 정의

- 역대 작가 개인 혹은 다수 작가의 산문(散文), 변문(騈文), 시(詩), 사(詞), 곡(曲), 문학평론 등을 모아 수록한 저작

- 당대(唐代) 초기에 위징(魏徵)이 편집한 『수서(隋書)·경적지(經籍志)』에 최초로 집부(集部) 확립, 각종 문학 문헌을 집중적으로 수록함

- 이후로 동양 고대 목록학의 기본 형식 중 하나가 됨

5.2 집의 분류

- 청대(淸代) 건륭(乾隆)황제 때 편수한 총서 『사고전서(四庫全書)』의 분류 :

  (1) 초사(楚辭)

  (2) 별집(別集)

  (3) 총집(總集)

  (4) 시문평집(詩文評集)

  (5) 사곡집(詞曲集)

(1) 총집(總集)

· 여러 사람의 작품을 모아 엮은 서책

· 한대 왕일(王逸)의 『초사장구(楚辭章句)』, 남조 양
(梁)나라 소통(蕭統)의 『문선(文選)』이 현존하는 가장
오래된 총집

· 예) 『전당시(全唐詩)』, 『전당문(全唐文)』, 『악부시집
(樂府詩集)』, 『고문사류찬(古文辭類纂)』

(2) 별집(別集)

· 총집과 상대적인 명칭, 개인 시문을 모아 엮은 서책

· 작자 생전에 엮은 것은 기본적으로 선집(選集)에 속하고
후대 사람이 편집한 것은 대부분 전집(全集)에 속함

· 편집자는 자손, 제자, 고향 후배, 연구자, 애호가 등

· 시만 수록하면 시집(詩集), 문장만 수록하면 문집(文集),
시문을 동시에 수록해도 문집이라고 칭함

(2) 별집(別集)

· 별집에 수록된 시문 작품은 일생의 사적을 보존한 주요
사료이자 문학적 성취를 연구하는 주요 자료

· 총집의 편찬 또한 별집의 보존에 의거하므로 문헌적 가치
매우 높음

· 예) 『조조시집(曹操詩集)』, 『도연명집(陶淵明集)』
『이태백집(李太白集)』, 『유종원집(柳宗元集)』

(3) 시문평집(詩文評集)

- 시와 문장에 대한 문학이론과 비평을 수록한 서책

- 예) 『시품(詩品)』, 『창랑시화(滄浪詩話)』
  『문심조룡(文心雕龍)』, 『문장지남(文章指南)』
  『사론(詞論)』, 『인간사화(人間詞話)』

(4) 사곡집(詞曲集)

- 당대(唐代)에 노래를 부를 수 있는 민간가요에서 유래
  되어 송대(宋代)에 성행한 운문 사(詞)와 원대(元代)에
  성행한 운문 곡(曲)을 모아 수록한 작품집

- 『백석도인가곡(白石道人歌曲)』, 『산곡사(山谷詞)』
  『화간집(花間集)』, 『초당시여(草堂詩餘)』

- 『고곡잡언(顧曲雜言)』, 『마치원원곡집(馬致遠元曲集)』
  『어정곡보(御定曲譜)』, 『관한경원곡집(關漢卿元曲集)』

5-1강
인의예지 들어가기

효(孝)는 모든 선행의 근본

효(孝)는 어버이 사랑

그런데 세상에 이런 일이……

이런 부모라면?

훈육? 화풀이 대상?

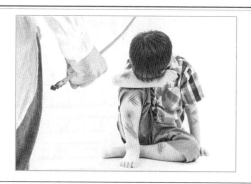

이럴 때 어떻게 해?

진정한 효(孝)

「曾子受杖(증자수장: 증자가 매를 맞다)」

- 증자가 오이 밭에서 제초하다가 실수로 오이뿌리를 자름
- 부친 증점(曾點), 일명 증석(曾晳)이 대노, 심한 매질
- 증자 혼절 후 깨어나 잘못 빌고 거문고 연주해 다치지 않고 몸이 멀쩡함을 부친에게 알림
- 무엇이 문제인가?

진정한 효(孝)

- 공자가 알고서 노하여 증자 질책

  "작은 매질은 받아들이고, 큰 매질은 도망간다.
  지금 증삼(曾參)은 몸을 던져 분노가 폭발하길 기다림으로써,
  부친을 불의에 빠트렸으니 어찌 효도이겠는가?"

  『공자가어(孔子家語)』

눈먼 아버지

- 완악한 부친 맹인 고수(瞽瞍), 사나운 게모, 오만불손한 동생 상(象) 셋이 일치해서 순(舜)을 죽이기로 작정
- 고수는 순에게 창고 지붕을 수리하라고 올려 보내고 밑에서 불을 질러 창고를 태움
- 고수가 순에게 우물을 파라고 시키고 위에서 흙을 부어 땅을 메워버림
- 순은 작은 매는 달게 받고 큰 매는 멀리 도망쳐 화를 면함

순(舜)임금의 효도

- 일을 시킬 때는 항상 부친 곁에,
  죽이려고 찾을 때마다 자리 피함
- 효성에 감복해 코끼리가 대신 밭을 갈고 새가 김을 매 줌
- 순의 대효(大孝)를 들은 요(堯)임금은 나라를 선양(禪讓)
- 공자의 평가:

  고수는 부친답지 못한 죄를 범하지 않고
  순임금은 자식의 지극한 효를 잃지 않음

이럴 땐 또 어떡해?

멋진 청년!

의인(義人)에게 보상이

이에 LG는 의로운 일에 자신을 헌신한 최형수 병장에게
대학 졸업 때까지 장학금을 지급하고
졸업하면 채용하기로 했습니다.

망설이겠습니까?

세상의 칭송을 받지만

그러나 이렇다면?

이럴 땐 또 어떡해?

이럴 땐 또 어떡해?

이렇게?

쉬운 선택

1. 형수가 물에 빠졌을 때

2. 어머니와 이웃집 아주머니가 물에 빠졌을 때

3. 아버지와 이웃집 아저씨가 함께 쓰러졌을 때

어려운 선택

열차 탈선 vs 아들 희생

난 널 너무너무 사랑해!

한·중·일 공통점은?

난 참 똑똑해!

겨울에 국민에게 물 대포

태극기!

감 동

열 정

같은 태극기인데……

무엇이 정의인가?

99% vs 1%

인간의 존엄은?

신뢰의 붕괴

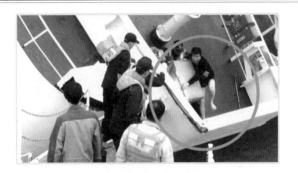

또 다른 선장

* 96명의 베트남 난민을 구한 원양어선 선장 전제용

사랑과 희생, 그리고 희망

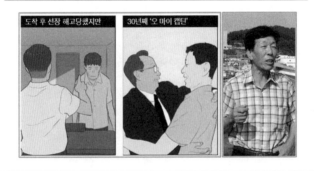

5-2강
인(仁)의 정의

96명의
난민을 구한
'캡틴 전'
(Jeon)

목 차

서양 철학의 명제(命題)

- 서양의 존재주의 전통 :
  " Who am I ? "

- 자아(自我 : ego)를 중시

- 내성식(內省式) 사유방식
  예) Socrates : "너 자신을 알라!"

한자 문화권의 명제(命題)

- 동아시아의 관계주의(關係主義) 전통 :

  "어디 사람이냐?"
  "어느 학교 나왔나요?"
  "누구 집 자식인고?"

- 혈연, 지연, 학연 등 사회적 인간관계(relationship)를 중시

한자문화권의 인(人)

(1) 人과 人 사이의 관계 속에서만 자기 존재가 확인되고
    표현 가능

(2) 사회 역할의 합계 중 하나의 개체에 불과

(3) 독립적인 주체가 아니고 집단의 일원으로 상대적인
    존재만 가치를 부여 받음

(4) 人에 대한 정의에서 자아의 요소가 제거됨

인(仁)의 해석

- "인이란 사람이다(仁也者, 人也)."

    『중용(中庸)·제20장』

- "인이란 사람이다(仁者, 人也)."

    『맹자(孟子)·진심하(盡心下)』)

1. 인(仁)의 문자적 해석

- 仁 = 二 + 人

    = 多 + 人

    = 대부분의 사람

    = 사람이면 누구나 다

    = 모든 사람

인(仁)의 옛 글자

- 仁의 고자(古字) : 　　위는 千(천)

  아래는 心(심)

  ↳ 『설문해자(說文解字)』 고문

- 忎 千(千心) = 천 사람이 가지는 한 가지 마음

  곧 드넓은 사랑의 마음

仁의 옛 글자 형태와 뜻

갑골문	고쇄자	소전	예서

- 人과 人 사이의 평등, 높고 낮음과 귀천(貴賤)의 구별이 없음을 의미

회의자(會意字) 仁

- 仁: 從(=from)人, 從(=from)二

- 뜻 설명: 하늘과 땅이 서로 사랑해 생명이 된다.

  (天地相愛有生)

- 二 = 천지(天地), 음양(陰陽), 남녀(男女)

『주역』의 해석

- 『주역(周易)·계사전(繫辭傳)』:

  "하나의 음과 하나의 양을 도라고 한다
  (一陰一陽之謂道)."

  "음과 양이 합해 생명을 만드니 바로 인이다
  (陰陽有生卽爲仁)."

인(仁)이란

- 평등한 두 남녀가 만나 서로 사랑해 생명을 잉태하는
  핵심, 곧 사랑

- 어질 인(仁)이란 곧 인간이 인간에 대한 평등적인 사랑

2. 중국식 셈법

- 將大事化爲小事(장대사화위소사)
  큰 일은 사소한 일로 만들고,

- 將小事化爲沒事(장소사화위몰사)
  사소한 일은 없는 일로 만든다.

- 故中國永遠沒事(고중국영원몰사)
  고로 중국은 영원히 아무런 일이 없다.

중국식 셈법

- 부정적인 일은 없는 일로!

  부정의 완화: 별로 ~하지 않다

  不太 + 형용사 용법 발달

  괜찮다: 沒事, 沒事(일 없다)

- 긍정적인 일은 과장되게!

  강조형 부사 발달: 很, 好, 眞, 太, 頂

중국인의 숫자 개념

- 一 ↔ 一 이외의 모든 숫자

- 一 = 부정적인 수, 부정적인 의미

- 單(홀 단)
  獨(홀로 독)
  孤(외로울 고)
  寡(부족할 과)

부정적 의미의 언어습관

- 孤單(고단), 獨身(독신), 孤獨(고독), 寡聞(과문)

- 孑孑單身(혈혈단신), 單木不林(단목불림)
  獨守空房(독수공방), 獨斷專橫(독단전횡)
  孤立無援(고립무원), 孤男寡女(고남과녀)
  孤陋寡聞(고루과문), 衆寡不敵(중과부족)

숫자의 문화적 의의

- 다수 곧 사회 구성원이면 누구나 속하는 집단공동체에서 벗어난 사람을 불완전한 인격체로 여기는 문화적 심층 의식의 표현

- 인륜이나 혼인 또는 사회적 관계에 속하지 않은 개체는 성인(成人)이 아닌 소배(小輩 : 어린아이) 또는 부도덕한 존재로 취급하는 문화

3. 중국인의 의식 구조

- 一 : 나쁘고 외롭고 심지어 악한 숫자

- 헐리우드 영화의 story(서사) 기본 구조 :

  영웅(Hero)의 미녀 구하기

  절대 다수의 악인 vs 1인의 절대 강자 영웅

중국인의 의식 구조

- 多 : 다다익선(多多益善)
  많을수록 좋은 선한 숫자

- 중국 영화의 story(서사) 기본 구조 :

  다수 영웅의 협업 vs 절대 강자 1인 악인
  다수 = 선(善) vs 소수 = 악(惡)

警察故事(police story)

영웅본색(英雄本色)

신용문객잔(新龍門客棧)

동방불패(東方不敗)

연인(戀人)   원제: 十里埋伏

공통점

- 다수의 선인(善人 = 집단공동체)가 힘을 합해 한 명의 악인
  (惡人 = 부도덕한 개체)을 포위 공격하는 것을 당연시
  하고 또한 정당화됨

- 개인주의를 혐오, 심지어 죄악시하는 의식구조

- 단체나 집단을 중시하는 문화적 심층 구조의 반영

4. 천인(千人 = 다수)의 마음

- 두 사람 이상 곧 다수가 공유하는 마음

- "측은지심은 사람마다 모두 가지고 있다(惻隱之心, 人人皆有之)."
  → 사람이 사람인 까닭

- 북악터널 트럭 vs 학교 정문 앞 횡단보도 아이

- 우물가의 갓난아이

학교 앞 횡단보도

우물가의 아이

우물가의 아이

측은지심

측은지심의 확대

불인지심(不忍之心)

- 남의 불행을 차마 보지 못하는 마음
- 남을 차마 불행에 빠트리지 못하는 마음
- 사람이면 누구나 갖고 있는 공통된 마음
- "사람은 모두 불인지심이 있다. ……
  측은지심(惻隱之心)이 없으면 사람이 아니다."

『맹자(孟子)·공손추상(公孫丑上)』

5. 인(仁)의 문화

- 인이란 불인지심의 사랑을 공동체 타인에게 실천하는
  인간관계 실천 윤리학
- 인간의 개별성보다는 공통성에서 인간을 파악
- 인간의 자아보다 타인과의 관계 더욱 중시
- 집단 속에서 서로 보살펴 주고 관심을 주고받는 관계
  인정의 자장권(磁場圈) 발동하므로 우울증 희소

한자 문화권의 인격 수양

- 개인 인격이 자아 수양을 통해서 형성되지 않고 타인과의
  인간관계에서 형성

  예) 인품(人品)의 '品'자
  　　수치(羞恥)의 '恥'자, '耻'자

- 타율적 자아 형성, 인격의 자기 주도성 결여
  　남의 평가에 과도하게 신경 쓰는 문화
  　악플에 자살하는 연예인

타율적 인간관계의 한계

- 아는 입과 이목이 없으면 品과 恥가 사라짐
- 인간관계 밖 낯선 사람에겐 예의와 양보 실종
- 인의 실천이 가족애에 집착하고 확대해도 지연과 학연에 그치는 문화
- 공익을 위한 자발적 참여 의식 결여
- 질서를 지키는 공중도덕 의식 희박

공동선(共同善) 중시 문화

- 인간관계 :

  이성적 관계보다 감정적 관계에 치중
  의리와 가족애 등 감정적 요소 개입

- 오륜(五倫) : 다섯 가지 타인과의 관계 윤리

  부자유친(父子有親), **부부유별**(夫婦有別)
  군신유의(君臣有義), **장유유서**(長幼有序)
  붕우유신(朋友有信)

공동선(共同善) 중시 문화

- 공동체의 이익 우선 문화

  집단의 공동선 우선, 개인의 불이익 감수
  개체의 작은 이익은 공동체 대의 앞에 명분 상실

- 인이란?

  원만한 인간관계와 공동체의 안정을 유지하기 위한
  실천 윤리

6강
인(仁)과 유가문화

인 (仁) 사랑의 여정

목 차

1. 진정한 정직

葉公語孔子曰:
섭공어공자왈

섭공이 공자에게 말했다.

"吾黨有直躬者, 其父攘羊, 而子證之。"
오당유직궁자 기부양양 이자증지

"우리 마을에 정직한 자가 있는데, 그의 아버지가 양을
훔치자 아들이 그를 고발했습니다."

진정한 정직

孔子曰: "吾黨之直者, 異於是。
공자왈   오당지직자 이어시

공자가 말했다. "우리 마을의 정직한 자는 이와 다릅니다.

父爲子隱, 子爲父隱, 直在其中矣。"
부위자은 자위부은 직재기중의

아버지가 자식을 위해 숨겨주고 자식이 아버지를 위해
숨겨줄 때 정직함이 그 안에서 생겨납니다."

『논어(論語)·자로(子路)』

2. 효(孝)와 삼년상

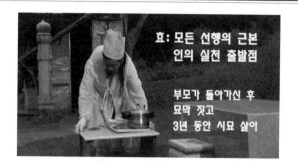

효: 모든 선행의 근본
인의 실천 출발점

부모가 돌아가신 후
묘막 짓고
3년 동안 시묘 살이

삼년상(三年喪) 논쟁

宰我問: "三年之喪, 期已久矣。
재아문   삼년지상   기이구의

재아가 물었다. "삼년상을 지키는 것은 기간이 너무 깁니다.

君子三年不爲禮, 禮必壞; 三年不爲樂, 樂必崩。
군자삼년불위례   예필괴   삼년불위악   악필붕

군자가 3년 동안 예의를 행하지 않으면 예법이 반드시
무너지고, 3년 동안 음악을 연주하지 않으면 음악 체계가
반드시 무너집니다.

삼년상(三年喪) 논쟁

舊穀旣沒, 新穀旣升, 鑽燧改火, 期可已矣。"
구곡기몰   신곡기승   찬수개화   기가이의

묵은 곡식을 다 먹고 새 곡식이 나오면 불씨를 취하는
목재도 새로 바꾸는데, 일년상이면 충분하다고 봅니다.

子曰: "食夫稻, 衣夫錦, 於汝安乎?" 曰: "安。"
자왈   식부도 의부금   어여안호   왈   안

공자가 말했다. "쌀밥을 먹고 비단옷을 입어도 네 마음이
편하겠느냐?" 말했다. "편합니다."

"汝安則爲之。 夫君子之居喪, 食旨不甘, 聞樂不樂;
여안즉위지　부군자지거상　식지불감　문악불락

"네 마음이 편하다면 너는 그렇게 하도록 해라. 대개 군자는 상을 당하면 맛난 음식을 먹어도 달지 않고, 음악을 들어도 즐겁지 않고;

居處不安, 故不爲也。 今汝安, 則爲之。 "
거처불안　고불위야　금여안　즉위지

집에 움막을 짓고 거해도 마음이 불편하여 그렇게 하지 않는다. 지금 너는 마음이 편하다니 그렇게 하도록 해라."

宰我出, 子曰: "予之不仁也!
재아출　자왈　　여지불인야

재아가 나가자, 공자가 말했다. "재아가 참으로 어질지 못하구나!

子生三年, 然後免於父母之懷。
자생삼년　연후면어부모지회

자식이 태어나 3년이 지난 후에야 부모 품에서 벗어난다.

논쟁의 요지

- 재여: 3년은 너무 길며, 일년상이 적합
  - 3년 동안 정사를 돌보지 않으면 예악이 붕괴
  - 사회 변화에도 적응하지 못함

- 공자: 자녀가 생후 3년이 지나야 부모 품을 벗어나므로
  - 부모의 삼년상은 당연한 도리

불편한 심기: "1년상을 편하게 여기면 그렇게 하라!"

삼년상의 이론적 근거

- 황하(黃河)문명 고대농경사회에서 이른바 5대 동당(同堂) 대가족제도의 산물

- 대가족 중에 종손 1명 정도는 삼년상을 지켜도 가정 경제에 별다른 지장이 없었음

- 자식이 태어나 3년 정도 지나야 부모 품을 떠나므로 부모가 돌아가시면 3년 정도 애도하는 것은 천하의 상도(常道) 이자 당연한 도리

효(孝)의 핵심

- 『논어』의 핵심 사상 : 신종추원(愼終追遠)
  "부모님의 장례를 신중히 잘 치르고
  조상님을 추념해 제례를 잘 치르다."

- 효의 핵심 : 전종접대(傳宗接代)
  조상을 전승하고 후대를 이어가다

- "做人(zuò rén)"과 대 잇기
  중국어 '사람 됨됨이'와 '대 잇기'는 동의어

중국 휘주(徽州)상인의 사당 현판

효(孝)는 인의 근본이자 출발점

- **夫孝, 德之本也, 敎之所由生也。** 『효경(孝經)』
  부효 덕지본야 교지소유생야

  효도는 덕의 근본이자 교화의 출발점이다."

- **孝悌也者, 其仁之本與!** 『논어(論語)・학이(學而)』
  효제야자 기인지본여

  효도와 형제간 우애는 인을 실천하는 근본이다.

3. 효(孝)의 문자적 의미

- 孝 = 老 + 子

- 회의(會意)자

소전(小篆) 효(孝)자

노(老)의 문자적 의미

갑골문의 老자   소전의 老자

- 상형자 老 = 人 + 毛 + 匕
- 한 사람이 산발한 채 손에 지팡이를 짚고 있는 모습

노(老)의 문자적 의미

· 산발은 예절에 얽매여 머리를
  묶을 필요가 없을 정도로
  늙었다는 뜻
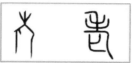

· 손에 짚은 지팡이는 다른 사람의 부축이 필요할 정도로
  노쇠하다는 뜻

· 지팡이가 비수 ヒ(비)로 바뀐 것은 化(화)에서 나온 말로
  머리가 백발로 화하였다는 뜻

효(孝)자의 서체

· 노인의 손 아래에 있는 어린 아이(子)가 노인을 부축해
  부축해 길을 걷는 모습

『설문해자(說文解字)』의 풀이

"(효는) 부모를 잘 섬김이다.
 자식이 노천을 받듦이다."

주(注)에서 『예기(禮記)』인용 :

"효는 봉양함이다. 도리에 따르고
 오륜을 어기지 않는 이것을 일러
 봉양이라고 한다."

4. 효(孝)의 변질

- 한 무제(武帝)가 동중서(董仲舒)의 독존유술(獨尊儒術)
  건의 채택, 유학의 국교화(國敎化) 진행

- 이후의 역대 왕조마다 효리천하(孝理天下) 표방, 효
  이념을 대대적으로 선양, 장려

- 원대(元代)에 고대 24인의 효행 설화를 실은 『이십사효
  (二十四孝)』 등장, 효의 우상화를 심화 시킴

文帝嘗藥(문제상약)

- 한 문제가 친히 먼저
  모친의 탕약을 맛보다.

百里負米(백리부미)

- 자로(子路)가 100리 길을 가서 쌀을 사 등에 짊어지고
  돌아와 부모님을
  봉양하다.

臥氷求鯉(와빙구리)

- 겨울에 부모님께 잉어를 올리기 위해 연못 빙판 위에
  엎드려
  얼음을 녹이자
  잉어가 감동해
  얼음을 뚫고
  올라오다.

恣蚊飽血(자문포혈)

- 여름철 부모님의 편한 잠자리를 위해 웃통을 벗고
  모기에 물리다.

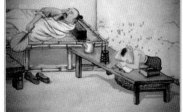

割股療親(할고료친)

- 네 아들이
  넓적다리 살을
  베어내어
  모친의 폐병을
  치료하다.

5. 인효(仁孝)의 부작용

- 예교식인(禮敎食人)

  예법이 사람을 잡아먹다

  효자, 효부, 열녀, 충신을 과도하게 강조 → 인간성 말살

- 상명하복(上命下服)의 서열 문화

  아랫사람에게 무조건적 복종 강요

- 충효(忠孝)사상 : 효 < 충

  개인의 행복보다 애국주의가 우선 순위

중국의 열녀(烈女)

- 황산(黃山)의 열녀 설씨(薛氏) 부사부수(夫死婦隨 :
  남편이 죽으면 아내가 따라 죽다) 실천!

조선시대의 열녀(烈女)

- 호랑이에게 물린 남편을 구하기 위해 호랑이를 때려잡아
  남편을 구했으나 자신은 물려 죽은 여인 현풍 곽씨

일본의 열녀(烈女)

- 형사취수(兄死娶嫂)의 전통을 거절하고 자살

열녀 표창 풍조의 본질

- 주희(朱熹)의 성리학(性理學)이 정착한 이후 특정 시기에 "存天理滅人欲(존천리멸인욕 : 하늘의 이치를 보존하고 인간 욕망을 억제함)" 명제를 과도하게 강조한 사회 현상

- 명(明)·청(淸)시대 약 6만 여명 여인 자살

- 유가사상을 곡해, 맹신한 결과

- 예교식인(禮敎食人)의 풍조 초래

효와 충의 결합

子曰: "君子之事親孝, 故忠可移於君。"
자 왈   군자지사친효 고충가이어군

공자가 말했다. "군자는 효도로 어버이를 섬기므로 임금에 대한 충성으로 전이할 수 있다."

『효경(孝經)·위표전(韋彪傳)』

충효(忠孝)의 부작용

- 인효가 정치와 만나면 충효사상으로 변모

- 봉건적인 충군(忠君)을 넘어 맹목적 애국심 강요하는 전체주의로 변질될 때 인류의 재앙 초래

- 예) 일본의 가미가제 특공대
  히틀러의 나치정권 유대인 학살
  캄보디아 폴 포트 정권의 킬링 필드
  중국 마오쩌둥의 문화대혁명 홍위병(紅衛兵)

균형 잡힌 사고

- 공자 제자 민자건(閔子騫)의 부당한 정권 출사(出仕) 거부

- 공자를 웃음짓게 하다

- 효와 국가에 대한 충성은 별개라고 인식

6. 인효(仁孝)의 확장

부모에게 효도하고 순종하고 공경하고 사랑하면
가족 외의 타인에 대한 순종과 공경, 사랑도 알게 됩니다

가족사랑의 확대

- 인의 실천, 사랑의 바자회

- 주부의 자녀 사랑이
  아프리카 기아(飢餓)
  어린이 돕기로 확대

인(仁)이란

- 부모 효도 → 가족사랑 → 이웃사랑 → 인류평화

- 세계의 문명 충돌
  해결할 평화 자원
  함유

7-1강
義(의)의 문자적 해석

목 차

1. 옳을 '義(의)' 옛 서체

| 갑골문 | 금 문 | 소 전 |

옳을 '義(의)' 갑골문

義 = 羊(희생양) + 我(병기)

2. 나 '我(아)'의 갑골문

나 '我(아)' 갑골문의 뜻

- 병기의 뜻

- 戎(융)자의 변형 글자, 강렬한 무기이라는 뜻

- '我'자는 두 개의 '戈(창 과)'자가 서로 등지고 서있는 모양

- 본래 '병기'라는 뜻

'戈(과)'의 실물

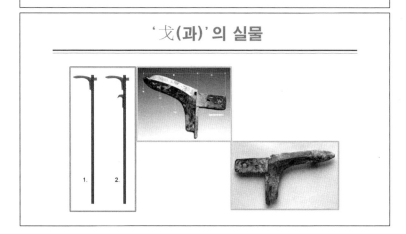

나 '我(아)' 갑골문의 뜻

- 뒤에 가서 '我' 는 점차적으로 '手(수) + 戈(과)' 의 합성자로 변화
- 손으로 창을 잡은 모습
- 강렬한 위력의 무기를 가진 사람이 바로 1인칭 '나' 라는 뜻
- '我' 에 자기 과시의 뜻이 내포

3. 고대 한자의 인칭대명사

- 스스로 自(자)

  코 '鼻(비)'자에서 유래
  얼굴의 중앙을 1인칭으로 삼음, 코를 가리킴
- 너 而(이)

  얼굴의 아래 부분(아래 뺨 수염이 나는 부분) 턱
  부분을 2인칭으로 삼아 턱으로 상대방을 가리킴
- 갈 之(지) : 신체의 가장 하단(다리 부분, 제3인칭)

고대 한자의 인칭대명사

- **我**

  = 강력한 무기를 가진 사람 바로 나야 나

- **爾(= 尔, 너 이)**

  = 사격거리가 짧은 궁노(弓弩 : 활이나 쇠뇌)를 가진
  '尔(이)' , 곧 너

4. '義(의)'자의 해석

4.1 회의자

- 고대인에게 '양(羊)'은 '선(善)'의 상징

- '아(我)'는 원래 모서리가 있고 날카로운 뿔이 있는 톱니모양의 칼날을 지닌 병기

- 후대에 와서 1인칭 '나'를 가리키는 대명사

'義(의)'자의 해석

- '羊'과 '我'가 합해 '義'가 된 것은 양처럼 다른 사람과 잘 지내는 것이 보기에 좋듯이, 모든 좋고 선한 일은 '我'로부터 행해야 옳다는 뜻

- 모든 선행은 나로부터! = 솔선수범(率先垂範)

- 그러므로 한 사람이 다른 사람에게 좋은 일을 행하고 기꺼이 희생하려는 정신이 바로 '義'

4.2 상형자 혹은 회의자

- '我'는 원래 긴 자루의 병기를 뜻함

- 이런 병기는 전장 실전 사용에 불편하므로 의식에 사용

- 부족 제사 때 양머리를 바치는 외에 손에 '我'를 잡은 무사가 의장대 역할을 수행

상형자 혹은 회의자

- 갑골문 '義' 자를 보면 '羊'과 '我'가 위아래로 가지런히 있는 형상

- 마치 머리 부분에 양의 뿔 모양을 장식한 '我' 같음

- 이렇게 위에 '羊'이 있고 아래에 '我'라는 의장용 장식이 있는 '義'는 '儀'(의: 의례) 작용이 있으므로 '義'는 본래 위의(威儀) 또는 예의(禮儀)의 뜻임

4.3 장창호의 '義(의)'자 해석

- 義 = 羊 + 我

- 황하문명 농경정착시대 이전 유목 시대에 만든 한자

- 우(禹)임금이 고대 강인(羌人)출신으로 치수 위해 동분서주 다닌 곳이 지금의 사천성 서북 일대, 유목인 현존

- 유목민은 낮에는 羊을 방목, 저녁에 羊떼 귀가

장창호의 '義(의)'자 해석

- 유목민 입장에선 羊이 저녁 때 '나(我)'의 집으로 들어와야 정상

- 이웃집 羊이 내 목장으로 잘못 들어오면 돌려보내고 이웃집으로 잘못 들어간 내 羊은 '나(我)'에게 돌려 줘야 그것이 사리, 곧 사리의 올바른 이치 = 정의(正義)

- 義 = 宜 = 사리의 마땅함 (義者, 事之宜也。)

7-2강
의(義)와 유가문화

목 차

1. 조선시대의 경리(輕利)사상

이광사 댁 유씨 부인의 자녀교육

- 두 아들이 동네 아이와 옥돌로 엿을 바꿔 먹음

- 입에 이익이란 말을 올려 회초리를 들어 꾸짖음

- 유가의 전통적 경리(輕利: 이익 천시)사상을 반영
  예) 사회계급의 사농공상(士農工商) 분류

- 이익에 눈이 가려 인격의 완성을 방해할까 염려함

1.1 '利(이)' 자 분석

- 利 = 禾 + 刀
  벼 화　칼 도

- 벼의 수확은 이득

- 벼를 벤 자리는 날카로우므로 위험

- 유가(儒家)는 이(利)의 예리한 측면을 경계

2.2 이익 추구의 부작용

- 20년째 점포정리 속옷 가게

- 호의를 악용하는 재래시장 떨이 상인

- 기만의 일상화, 양심의 마비를 초래

- 부정직이 인격의 수양을 방해

- 맹모(孟母)의 삼천지교(三遷之敎)
  → 아들 맹자를 맹목적 이득 추구에서 분리시킴

2. 맹자의 의(義)

孟子見梁惠王。
맹자현양혜왕

맹자가 양혜왕을 알현하였다.

王曰 : "叟, 不遠千里而來 , 亦將有以利吾國乎?
왕왈　수　불원천리이래　역장유이리오국호

왕이 말했다. "노인장께서 천리를 멀다 않고 오셨으니,
역시 장차 우리나라를 이롭게 할 방도가 있겠지요?

맹자(孟子) vs 양혜왕(梁惠王)

맹자 vs 양혜왕

孟子對曰：“王何必曰利？亦有仁義而已矣。
맹자대왈 　 왕하필왈리 　 역유인의이이의
맹자가 아뢰었다: "왕께서 하필이면 이로움을 말하십니까?
저야 역시 인의만 있을 뿐입니다.

王曰：‘何以利吾國？’大夫曰：‘何以利吾家？’
왕왈 　 하이리오국 　 대부왈 　 하이리오가
왕이 말하길, '어떻게 하면 내 나라를 이롭게 하나?'
라 하며; 대부가 말하길, '어떻게 하면 내 일가를 이롭게
하나?' 라 하며;

맹자 vs 양혜왕

士庶人曰：‘何以利吾身？’
사서인왈 　 하이이오신
선비와 서민조차 말하길, '어떻게 내 일신을 이롭게 할
것인가?' 라 하여

上下交征利, 而國危矣。
상하교정리 이국위의
위아래가 서로 이익을 다툰다면 나라가 위태로워집니다.

맹자 vs 양혜왕

萬乘之國, 弑其君者, 必千乘之家;
만승지국 시기군자 필천승지가

만승의 나라에서 그 임금을 시해하는 자는 반드시 천승의
제후이고,

千乘之國, 弑其君者, 必百乘之家。
천승지국 시기군자 필백승지가

천승의 나라에서 그 임금을 시해하는 자는 반드시 백승의
대부입니다.

맹자 vs 양혜왕

萬取千焉, 千取百焉, 不爲不多矣。
만취천언 천취백언 불위부다의

만에서 천을 취하고 천에서 백을 취함이 많지 않은 것은
아니나

苟爲後義而先利, 不奪不饜。
구위후의이선리 불탈불염

만일 의를 뒤로 하고 이익을 우선시한다면 빼앗지 않고서는
만족하지 않습니다.

맹자 vs 양혜왕

未有仁而遺其親者也, 未有義而後其君者也。
미유인이유기친자야 미유의이후기군자야

어질다고 하면서 자기 어버이를 내버린 자가 있지 않으며,
의롭다고 하면서 자기 임금을 업신여긴 자가 있지 않습니다.

王亦曰仁義而已矣, 何必曰利?"
왕역왈인의이이의 하필왈리

왕께서도 역시 인의를 말씀하시지 하필이면 이로움을 말씀
하십니까?"
『맹자·양혜왕상(梁惠王上)』

부국강병의 전국(戰國)시대

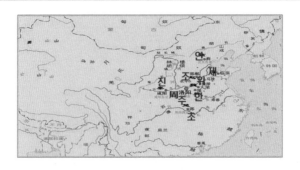

전국칠웅(戰國七雄)

맹자의 인의론(仁義論)

仁, 人心也; 義, 人路也。
인   인심야   의   인로야

인은 사람의 착한 심성이고, 의는 사람이 가야 할 길이다.

舍其路而弗由 , 放其心而不知求 , 哀哉！
사기로이불유   방기심이부지구   애재

의라는 올바른 길을 버리고 다니지 않고, 인이라는 착한
심성을 잃고도 되찾을 줄 모르니, 슬프도다!

맹자 vs 양혜왕

人有鷄犬放，則知求之，有放心而不知求。
인유계견방　즉지구지　유방심이부지구

사람이 닭이나 개를 잃어버리면 되찾을 줄 알건만 마음을
잃어버리고도 다시 되찾을 줄 모른다.

學問之道無他，求其放心而已矣。
학문지도무타　구기방심이이의

학문의 목적은 다른 것이 아니라, 자기의 잃어버린 마음을
되찾은 것일 뿐이다.　　　　　　『맹자·고자상(告子上)』

3. 공자의 의(義)

3.1 공자의 일생

* 15세에 志學(지학 : 학문에 뜻을 두다)

* 30세에 立(립 : 의례를 홀로 진행하다)

* 40세에 不惑(불혹 : 유혹에 마음이 흔들리지 않다)

* 50세에 知天命(지천명 : 하늘의 뜻을 알다)

공자의 일생

* 60세에 耳順(이순 :
　　　　　귀가 순해지다)

* 70세에 從心所慾, 不踰矩
　　　　　종심소욕　불유구

마음이 하자는 대로 따라도
법도에 어긋나지 않다

『논어(論語)·위정(爲政)』

3.2 공자의 민생관(民生觀)

- 노애공(魯哀公)의 질문 : 정치란 무엇인가?

- 공자의 대답 :

政之急者, 莫大乎使民富且壽也。
정지급자   막대호사민부차수야

정치의 가장 급선무는 백성들을 부유하고 또한 장수하게
만드는 일입니다.

『공자가어(孔子家語)·현군(賢君)』

위정(爲政)의 우선 순위

- 제자 자공(子貢)의 질문 : 정치가 무엇입니까?

공자의 대답 : 足食(족식), 足兵(족병), 民信(민신)

식량을 족하게 마련하고, 군비를 족하게 마련하고
백성의 신뢰를 얻음이다.

- 자공 : 부득이 세 가지 중 하나를 포기한다면?

공자 : 去兵(거병 : 군비를 포기한다.)

위정(爲政)의 우선 순위

- 자공 : 부득이 세 가지 중 하나를 포기한다면?

공자 : 去食。民無信不立。
거식   민무신불립

식량을 포기한다.
백성의 신뢰가 없으면 국가는 존립할 수 없다.

『논어·안연(顔淵)』

공자의 관심사

所重, 民 · 食 · 喪 · 祭。
소중 민 식 상 제

중시한 바는 백성, 민생, 상례, 제사였다.

『논어 · 요왈(堯曰)』

· 백성 = 국가의 근간
  민생 = 위정의 급선무
  상례와 제사 = 인효(仁孝) 교화의 핵심

선부후교(先富後敎)의 민생관

· 공자가 위(衛)나라에 당도해 인구가 매우 많은 것을 보고
  크게 기뻐하였다.
  염유(冉有): 인구가 많아졌으니 또 무엇을 더해야 합니까?
  공자: 富之(부지: 의식주를 부유하게 해줘야지)!
  염유: 의식주가 부유해졌다면 또 무엇을 더해야 합니까?
  공자: 敎之(교지: 예의염치를 가르쳐야 한다)!

『논어 · 자로(子路)』

민생 우선의 통치 전통

· 춘추시대 제(齊)나라 명재상 관중(管仲)

凡治國之道, 必先富民。
범 치 국 지 도   필 선 부 민

무릇 치국의 도리는 반드시 '부민'이 우선이다.

『관자(管子) · 치국(治國)제48』

민생 우선의 통치 전통

* 한·평제(平帝) 태황태후(太皇太后)의 조서(詔書)

  蓋聞治國之道, 富民爲始。
  개 문 치 국 지 도   부 민 위 시

  치국의 도리는 '부민'이 시작이라고 들었습니다.

  『사기·평진후주보열전(平津侯主父列傳)』

3.3 의(義)와 이(利)의 결합

의(義)와 이(利)의 결합

見利思義
견 리 사 의

이익이 눈앞에 놓이면
먼저 의로운 것인가를
생각하라.

중국 최초의 재벌 자공(子貢)

- 공문십철(孔門十哲)의 일원

- "언어 과목은 재아와 자공이다(言語, 宰我・子貢)."

- 상재(商材)가 뛰어나 나라 사이 물품의 시세 차익 교역을
  통해 축재

- 공자가 열국을 주유할 동안의 재정적 후원자

- 공자도 그의 장사 수완 인정, 나아가 정직한 상행위를 인정

유상(儒商)의 조상 자공(子貢)

- 유상의 이념

  以義取利, 以利濟世
  이 의 취 리   이 리 제 세

  의로써 이득을 취하고
  이득으로 세상을 건진다!

자공의 상재(商才)

賜不受命, 而貨殖焉, 臆則屢中
사 불 수 명   이 화 식 언   억 즉 누 중

단목사(端木賜)는 안빈낙도하는 천명을 받아들이지 않고
장사를 했는데, 시장 예측이 여러 번 적중하였다.

『논어・선진(先進)』

- 『사기・중니제자열전(仲尼弟子列傳)』 중 절반 이상이
  자공 기사에 할애

자공의 공로

"자공은 사두 마차를 줄줄이 거느리고 수많은 비단과 후한 예물을 갖춰 제후를 방문하여 가는 곳마다 제후들이 그와 군신의 예가 아닌, 빈주(賓主)의 예를 행하였다. 공자의 명성이 천하에 널리 퍼진 것은 자공이 앞뒤로 주선한 덕분이었다(子貢結駟連騎束帛之幣以聘諸侯, 所至, 國君無不分庭與之抗禮。夫使孔子名布於 天下者, 子貢先後之也)."

『사기 · 화식열전(貨殖列傳)』

이익 획득 수단과 방법의 정당성

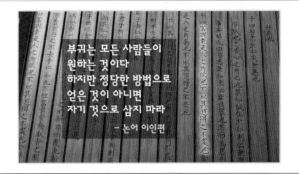

부귀는 모든 사람들이
원하는 것이다
하지만 정당한 방법으로
얻은 것이 아니면
자기 것으로 삼지 마라

— 논어 이인편

획득 수단과 방법의 정당성

貧與賤, 是人之所惡也,
빈여천   시인지소오야

가난과 천한 신분은 사람이 싫어하는 바지만

不以其道得之, 不去也。
불이기도득지   불거야

정당한 방법으로 벗어나지 않으면 물리치지 않는다.

『논어 · 이인(里仁)』

의(義)와 선비정신

富貴不能淫, 貧賤不能移,
부귀불능음   빈천불능이

부귀해도 음란하지 않으며, 빈천해도 지조를 바꾸지 않으며,

威武不能屈, 此之謂大丈夫。
위무불능굴   차지위대장부

권세와 무력에 굴복하지 않으니, 이를 일러 대장부라고 한다.

『맹자 · 등문공하(滕文公下)』

3.4 선의후리(先義後利)

의리를 앞세우고 이익을 뒤로 해야 성공하고
그 성공을 장기적으로 유지할 수 있습니다

청대 거상 호설암(胡雪巖)

마오샤오시
저장대학 교수

호설암은 이러한 사상을 가지고 중국 전통의
상업 사상 안에서 구체적으로 성신을 강조했습니다

호경여당(胡慶餘堂)의 사훈

호경당의 긍지

호경당의 이벤트 마케팅

휘상(徽商)정신과 전통

- 호설암의 고향 황산(黃山)은 어릴 적부터 유가경전을 학습 후 외지에 장사 나가는 전통
- 개인 이익보다 사회 전체 이익 우선 고려 태평천국의 난 때 약을 원가 혹은 무료 제공
- 난 평정 후 약 효용 전국 선전 효과 ⇒ 선의후리(先義後利) 반영, 휘주 상인 정신 형성
- 휘주 상인은 은퇴 후 서원이나 학당 건설, 학자 풍취

불의(不義)한 부귀영화

안빈낙도(安貧樂道)

飯疏食飲水, 曲肱而枕之, 樂亦在其中矣。
반소사음수 곡굉이침지 낙역재기중의

거친 밥을 먹을 물을 마시며, 팔베개를 하고 누워도
즐거움이 또한 이 안에 있도다.

不義而富且貴, 於我如浮雲。
불의이부차귀 어아여부운

의롭지 않는 부귀는 나에겐 뜬 구름과 같다.

『논어·술이(述而)』

일본 한베이제과의 성공비결

"만 개 중 한 개의 불량품은 곧 만 개의 불량품"
불량품 제로의 장인(匠人)정신

일본 한베이제과의 성공비결

의로움을
앞세우고
이익을
뒤로 하는
사람은
번창한다

4. 노블레스 오블리주(Noblesse oblige)

* 상류층의 사회적 도덕적 책임성 곧 나눔의 정신

* 경주 최부자댁의 가훈

  흉년에 땅을 늘리지 마라.
  만 석 이상의 재산은 사회에 환원하라.
  사방 백리 안에 굶어 죽는 사람이 없게 하라.

* 積善之家, 必有後福
  적선지가 필유후복
  선행을 쌓는 집안에는 반드시 복이 뒤따른다!

4.1 미국의 억만장자 하워드 휴즈

거부(巨富)

* 할리우드 영화사 사장
  TWA항공사 사장
  라스베가스 로얄 카지노 사장

* 본인이 원하는 영화를 본인이 원하는 시간에 TV에 나오게
  하겠다는 지극히 개인적인 이유로 라스베가스의 TV방송국
  매입

그러나 말년은…

* 대인기피증 : 암살과 병균에 대한 두려움, 독거

* 식사 : 닭고기와 복숭아 캔 주스, 영양실조 사망

* 시신의 모발 엉덩이까지(이발 공포, 거부)
  발톱을 깎지 않아 매의 발톱처럼 기름

* 사후에 찾아온 가족 없이 유산 상속 소송만 남음

4.2 한국의 신흥 상류층(New High)

- 송복의 『특혜와 책임』(2016년 8월) 분류
  - (1) 위세(威勢)고위직 계층
    - 사회 중심부에 위치한 권력자 그룹:
      - 정치인, 법조인, 고위관료, 군 장성, 경찰간부
  - (2) 권위(權威)고위직 계층
    - 권력자 그룹 근접부에 위치, 사회적 신뢰와 덕망이 높은 계층:
      - 고위 교육자, 언론인, 종교인, 예술인, 의료인

한국의 신흥 상류층(New High)

- 3) 뉴 리치(New Rich)
  - 당대에 거부(巨富)가 된 계층: 재벌총수
- 4) 신(新)상류층의 특성
- 자신의 능력으로 상류층 진입, 수성에 전심전력
- 위치에 걸맞는 자기 훈련과 도덕적 수련 거의 전무
- 지위는 높지만 뿌리가 없어 역사성, 도덕성, 희생성, 단합성이 결여

New high의 권력·금전 만능주의

- "국민은 개돼지", 재벌가의 상속분쟁, 폭언과 폭력 등 천박한 언행
- 오만, 횡포, 갑(甲)질의 체질화
- 특히 재벌은 황제로 군림, 천민(賤民) 자본주의의 표본
- 사회구성원들의 비난과 질시의 대상
- 승복과 존경을 받지 않는 권력과 부

5. 이익의 공기화(公器化)

쉽지 않지만 가장 빠른 길

의(義)란?

- 정직과 공평과 나눔의 사회적 정의

- 코로나 바이러스와 마스크 착용
서구: 마스크 = 복면, 자아 정체성 부정, 착용 거부
동아시아: 마스크 = 입 마개, 자아 정체성과 무관, 착용

- 동아시아의 공의(公義) 중시 문화가 빛을 발하는 시대

- 공의 관념은 위기의 시대에 심리적, 경제적 공황상태 해결해
줄 유가문화권의 소중한 자산 덕목

8-1강
예(禮)의 문자적 해석

목 차

1. 예도 '禮(예)'자의 서체

| 갑골문 | 금 문 | 소 전 | 예 서 | 해 서 |

2. 예도 '禮(예)' 뜻풀이

* 『설문해자(說文解字)』 :

    "禮(예)는 신을 섬겨 복을 불려오는 방법이다.
    '示(시)'와 '豊(예)'에서 나왔다.
    '豊(예)'는 또한 소리이다."

* 禮는 '示'와 '豊'가 합해 만들어진 회의자

* 또한 '豊(예)'라는 소리를 나타낸다.

예도 '禮(예)' 뜻풀이

- 『설문해자(說文解字)』 주 :

  "禮(예)는 오경(五經 = 五常)이 있다. 이 중에서 제사보다 중요한 것이 없다. 고로 '禮'에 '示'가 따른다. '豊'는 예를 행하는 그릇이다."

- 예의 오상(五常)

  길례(吉禮), 흉례(凶禮), 빈례(賓禮), 군례(軍禮), 가례(嘉禮)

'禮(예)'의 본자 '豊'

- '豊'가 '禮'의 본래 글
  '示'는 후대에 첨가된 편방

- 전례를 거행할 사용하는 기물

- '천도(天道)'를 성심으로 신봉하고 '천도(天道)'의 정신과 규범을 준수하는 것이 곧 예

'禮(예)'의 뜻 변천

- 소전(小篆) 이후에 '볼 시(示)' 자 편방이 첨가, 진나라 전후로 정신적 규범에서 '예'의 보이는 부분 곧 의례(儀禮)를 강조하는 뜻으로 변화

- 훗날 편방 '보일 示(시)'의 형태가 'ネ'로 변화

- 더욱 신(神)에게 올리는 외양적 의례(儀禮) 강조하는 뜻으로 다시 변화

'禮(예)'의 뜻 변천

- 『예기(禮記)·왕제(王制)』편:

  "여섯 가지 예(=六禮)를 닦아 백성의 본성을 절제(=조절, 통제)시킨다.
  여섯 가지 예란 관(冠), 혼(昏=婚), 상(喪), 제(祭), 향(鄕), 상견(相見)이다."

3. '禮(예)'의 갑골문

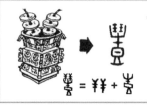 

3.1 '豊(예)'의 갑골문

- 禮의 원래 자는 豊
- 글자 형태가 마치 예기(禮器) 안에 옥(玉) 두 꼬치를 놓아 둔 모양, 신에게 제사 지내는 의식
- 豊에서 옥 꼬치 ﾘﾘ를 뺀 ﾘ는 북 걸이의 상형
- 고문에서도 '禮'를 '壴=북 鼓(고)'로 표기
- 북을 두드리며 음악을 연주하며 옥을 바치는 모습
- 진귀한 옥으로 조상과 신령에게 올리는 제례의 뜻

'豊(예)'의 갑골문

- '풍년 豊(풍)'과 형태가 유사해 뒤에 가서 서로 혼용,
  이에 왼쪽 옆에 '보일 示(시 = 제탁)'편방을 첨가해
  양자를 구별

- 본래 뜻은 경신(敬神)
  - 예) 예배(禮拜), 예불(禮佛),

3.2 보일 '示(시)'의 갑골문

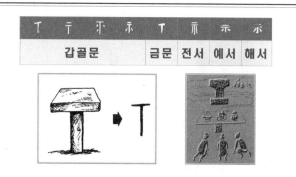

갑골문				금문	전서	예서	해서
T	Ŧ	示	示	T	示	示	示

보일 '示(시)'의 갑골문

- 원래는 신에게 제사 지낼 때 제수(祭需)을 올려 놓은
  제단의 탁자 모양 T자 상형

- 뒤에 가서 점점 示로 변형

- 示자 편방의 글자 거의 대부분 제사, 숭배, 기도와 축원
  등 신과 관계되는 뜻

3.3 '豆(두)'의 갑골문

'豆(두)'의 갑골문

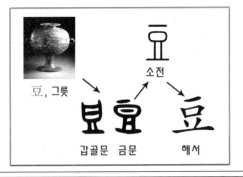

'豆(두)'의 갑골문

- 고대에 곡물을 담는 기물
- 긴 다리가 달렸으며 주로 제사에 사용
- '콩 豆(두)'라는 훈은 한대(漢代) 이후에 사용
- 한대(漢代) 이전 콩류 식물은 '菽(숙)'자 사용

3.4 북 '효(주)' 갑골문

- 갑골:

- 금문:

- 소전:

- 예서:

갑골문 북 '효(주)'의 뜻

- 효는 북 '鼓(고)'의 본래 자

- 갑골문 효 = 牛 + 豆

- 본뜻: 소가죽으로 둘러싸 만든 북

- 어떤 갑골문은 양쪽에 각각 손이 하나씩 첨가, 북을 치는 모양을 나타냄

4. '예(禮)'자의 종합적 해석

- 禮 = 示(시) + 曲(곡) + 豆(두)

- 示 = 神(신)

- 曲 = 신을 찬양하는 노래
  신 앞에 가무로 신을 기쁘게 해는 의식

- '曲'은 원래 구부러진 자 곡척(曲尺)의 의미
  간접적 함축적으로 자신의 정서를 나타내는 노래, 곧 '가곡(歌曲)'의 '曲' 뜻도 포함

'예(禮)'자의 종합적 해석

- 豆 = 제기, 곧 제기에 올려놓은 제물
  豆 = 북 걸이, 곧 북을 치고 가무(歌舞)를 펼침
- 신 앞에 제물을 차리고 가무를 펼쳐 신을 기쁘게 하는 제사 행위
- 제사의 중심: 敬(경 = 신을 공경하고 경배하는 마음)
- 신(대부분 조상신) 앞에서 신을 높이고 나를 낮춤
  ⇒ 예의 본질이자 내용

'예(禮)'자의 종합적 해석

- 이를 사람에게 적용하면 바로 상대를 높이고 나를 낮추는 정신
- 곧 억기존인(抑己尊人)의 정신
- 억기존인(抑己尊人)이 곧 예의 핵심
- 줄이면 경인(敬人) = 남을 공경하는 정신
- 신을 공경하듯이 타인을 공경하는 것이 예

'예(禮)'자의 종합적 해석

- 예는 실천이라는 형식 요소가 핵심
- 억기존인의 실행 전제조건:
  불편이 수반하며, 불편함 감수가 필연적 자세 ⇒ 핵심 형식
- 때로는 형식이 실질을 지배
  반복적인 실천(형식 반복)이 예의 내용을 견인
- 상대를 높이는 내용과 나를 낮춰 불편을 감수하는 형식이 합해져야 비로소 예가 완성

8-2강
예(禮)와 유가문화

목 차

1. 관계 중시

- 동양의 산수화(山水畵) 전통
  자연이나 배경보다 사람을 지나치게 작게 표현

- 자연이 주이고 인물은 부수적
  사람은 자연의 일부, 자연과 인간과의 관계 중시
- 겸양의 정신을 상징

무엇이 기억에 남습니까?

기억력 테스트 실험

물고기를 더 기억하는 서양인

수초와 기포를 더 기억하는 동양인

서로 짝 지워 봅시다

서양인과 동양인의 선택

관계 중시의 문화

- 이러한 심리 구조를 바탕으로 동양 사회는 사람끼리의 관계를 매우 중시, 윤리 도덕의 기본 덕목으로 설정

- 유가 문화권의 기본 인간 관계 오륜(五倫)

  군신유의(君臣有義)　　부부유별(夫婦有別)

  부자유친(父子有親)　　장유유서(長幼有序)

  붕우유신(朋友有信)

관계 중시의 문화

관계의 변질

- 삼강(三綱) : 관계의 범위 축소, 의미 변질

- 군위신강(君爲臣綱) : 임금은 신하의 본보기이고,
  부위자강(父爲子綱) : 아비는 자식의 본보기이고,
  부위부강(夫爲婦綱) : 남편은 아내의 본보기이다.

- 綱(벼리 강) = 본보기 → 근본(상하 관계)

- 후대에 정치적 목적으로 강요, 유학을 권위적이고
  가부장적인 도덕으로 변질시킨 관계 모델

2. 예와 공자

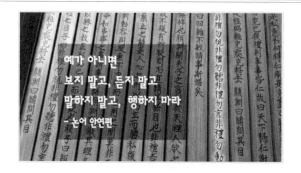

공자의 예 강조

非禮勿視, 非禮勿聽; 非禮勿言, 非禮勿動.
비 례 물 시   비 례 물 청   비 례 물 언   비 례 물 동

예에 맞지 않으면 보지도 말고,

예에 맞지 않으면 듣지도 말라;

예에 맞지 않으면 말하지 말고,

예에 맞지 않으면 행하지 말라.

『논어(論語)·안연(顔淵)』

공자의 시대적 환경

- **春秋無義戰**
  춘 추 무 의 전
  춘추시대에는 정의로운 전쟁이 없었다.

  『맹자(論語)·진심하(盡心下)』

- 공자가 철환천하(轍環天下)한 시기는 춘추시대 말기

- 제후 간의 패권 다툼 첨예화, 영토 확장과 부국강병을
  위한 군비 확장에 주력

공자의 시대적 환경

- 전비(戰費) 충당하기 위해 과중한 세금과 잦은 부역,
  혹독한 형벌로 민생 도탄

  예) 가정맹어호(苛政猛於虎)

- 예악 파괴

  공자는 주대(周代)의 예악 제도를 완성한 주공(周公)을
  가장 존경, 주대의 예법과 봉건 질서 회복을 주장

苛政猛於虎(가정맹어호)

"가혹한 정치가 호랑이보다 무섭다!"
『예기(禮記)·단궁(壇弓)』

苛政猛於虎(가정맹어호)

孔子過泰山側, 有婦人哭於墓者, 而哀。
공자과태산측 유부인곡어묘자 이애

공자가 태산 옆을 지나는데 묘지에서 한 부인이 곡을
하였고, 소리가 슬펐다.

夫子式而聽之, 使子路問之曰：
부자식이청지 사자로문지왈

공자께서 수레 가로막이 나무를 잡고 일어나 곡 소리를
듣고 자로를 보내 그녀에게 물었다.

苛政猛於虎(가정맹어호)

"子之哭也, 壹似重有憂者。" 而曰："然。
자지곡야 일사중유우자   이왈   연

"그대의 울음이 마치 거듭해서 초상을 당한 사람 같구려."
말하였다："그렇습니다.

昔者吾舅死於虎, 吾夫又死焉, 今吾子又死焉。
석자오구사어호 오부우사언 금오자우사언

이전에 제 시아버님이 호랑이에게 물려 죽었고, 제 남편
또한 물려 죽었고, 이제 제 아들이 또 물려 죽었습니다.

苛政猛於虎(가정맹어호)

夫子曰："何爲不去也?" 曰："無苛政。"
부자왈   하위불거야   왈   무가정

공자께서 말씀하셨다："왜 떠나지 않았소?"
말하였다："가혹한 정치가 없습니다."

夫子曰："小子識之! 苛政猛於虎也。"
부자왈   소자지지   가정맹어호야

공자께서 말씀하셨다："너희들은 기억하거라! 가혹한
정치가 호랑이보다 더 무섭다는 것을."

克己復禮(극기복례)

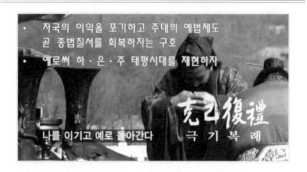

진·시황제(始皇帝)의 법치

3. 유가의 정치 이상

- 刑錯而不用
  형조이불용

  형벌 도구를 창고에 넣어두고 사용하지 않는다.

  『순자(荀子)·의병(議兵)』

- 조형(錯刑): 형법을 설치만 하고 사용하지 않음

- 이상적 형벌: 수치형 > 신체형

유가의 정치 이상

- 백성을 예의염치로 교화한 결과, 길에 떨어진 남의 물건을 줍지 않을 정도로 범법자가 없어 형벌 도구를 사용할 필요가 없게 된 정치

- 부득이 형벌을 가할 경우에는 사형, 매질, 옥살이 등 신체형을 가하지 않음

- 거리에서 조리를 돌리는 등 수치를 느끼게 하여 재범하지 않도록 유도하고, 죄가 중할 경우는 출동(黜洞) 조치함

왕도(王道)와 패도(覇道)

	왕도정치	패도정치
1	통치 이념 : 덕치 덕으로 국가 통치	통치 이념 : 형치 형벌로 국가 통치
2	민의 존중	제후의 권력 우선
3	경세(輕稅) : 세금 경감 감형(減刑) : 형벌 경감	중세(重稅) : 과중한 세금 혹형(酷刑) : 가혹한 형벌

왕도(王道)와 패도(覇道)

	왕도정치	패도정치
4	자발적 참여 위주	강제적 동원에 의존
5	선정(善政)의 결과로 천하를 얻을 수 있음	폭정(暴政)의 결과로 기껏해야 대국을 이룰 수 있음
6	은상(殷商)의 탕(湯)임금 주(周)의 문왕과 무왕	제(齊)의 환공(桓公), 진(晉)의 문공(文公) 등 춘추5패

왕도(王道)와 패도(覇道)

덕치(德治)	형치(刑治)
백성을 미리 예의로 교화(예교), 예의염치 알아 범죄제로사회	법을 정하고 범법자는 가혹한 형벌로 다스리는 타율질서사회
• 가볍고 상징적인 수치형 궁극적으로 형벌 도구 모두 창고에 두고 사용하지 않는 정치 주구 ⇒ 조형(錯型)	• 신체형 중벌(重罰)주의 오형: 墨(묵), 劓(의), 刖(월), 宮(궁), 大辟(대벽 = 사형)

4. 예치의 나라

4.1 제1차 예송(일명 기해예송)

• 1659년 인조의 차남 효종(孝宗) 승하, 국상(國喪) 발생

• 인조의 계비이자 효종의 계모인 자의대비(慈懿大妃) 조씨 (趙氏)의 복제(服制) 곧 상복을 입는 기간이 정치적 쟁점이 되어 서인과 남인이 대립

• 사대부의 예법
  장남이 죽었을 경우 어머니의 복상 기간은 3년
  차남이 죽었을 경우 어머니의 복상 기간은 1년

(1) 서인 노론의 기년복 주장

- 송시열(宋時烈), 송준길(宋浚吉) 등 서인 노론(老論)

- 성리학의 원칙을 고수해 기년복(朞年服) 곧 1년상을 주장

- 효종이 비록 왕위에 오른 임금일지라도 차남이므로 사대부의 예법에 따라 계모 자의대비는 1년 동안 상복을 입어야 마땅함

기년복 주장의 근거

- 『의례(儀禮)』의 사종지설(四種之說 : 왕위를 계승했지만 부모가 삼년복을 입지 않는 네 가지 경우) 중에서 체이부정 (體而不正 : 적자이지만 장자가 아닌 경우)에 입각하여 효종은 인조의 차남이므로 자의대의의 복상은 1년복이 옳다고 주장

(2) 남인의 삼년복 주장

- 윤휴(尹鑴), 허목(許穆) 등 남인(南人)은 3년복을 주장

- 성리학의 탄력적 이해와 적용을 주장

- 왕가의 예법은 사가(私家)의 예법과 다르므로 왕은 사대부 예법을 지키지 않아도 됨

- 효종이 비록 차남이나 대통을 계승했으므로 종통(宗統) 으로서 3년 기한의 대공복(大功服)을 입어야 마땅함

3년복 주장의 근거

- 장자가 죽으면 적처(嫡妻)가 낳은 차남을 장자로 세운다는 『의례주소(儀禮注疏)』의 '참최(斬衰)'조항의 말을 인용

- 국왕의 장자 계승 원칙에 따라 승하한 효종은 마땅히 이씨 왕조의 적통 장자로 보아야 하므로 자의대비의 복상 기간은 장자 사망 시의 부모 복제인 3년복 예법에 따라야 한다고 주장

노론(老論)과 남인(南人)의 영수

해동공자(海東孔子)
우암(尤庵) 송시열(宋時烈)

미수(眉叟) 허목(許穆)

(3) 제1차 예송의 결과

- 처음 결정대로 1년복으로 결정되자 남인 윤선도(尹善道)가 송시열과 송준길 두 사람이 인후(仁厚)하지 못하거나 슬기롭지 못한 자들인데 예설(禮說)에 밝기를 바라겠으며, 치국의 천하 대계를 논의할 수 있겠냐며 상소(上疏)

- 예송이 정치논쟁으로 비화, 서인들이 예론을 핑계로 선류(善類)를 해치는 중상모략(中傷謀略)이라고 반격

- 삼사 탄핵으로 상소를 불태우고 윤선도는 삼수(三水)로 유배

서인 노론의 승리

4.2 제2차 예송(일명 갑인예송)

• 현종15(1674)년에 효종의 비이자 현종의 어머니 곧
  자의대비의 며느리인 인선왕후(仁宣王后) 상을 당해
  또 다시 조대비의 복상 문제가 대두

• 사대부의 예법:

  장자 며느리가 죽으면 시어머니는 1년 복상
  차자 며느리가 죽으면 시어머니는 9개월 복상

(1) 서인 노론과 남인의 주장

• 서인: 1차 예송의 논리대로 9개월의 대공복을 주장

• 남인: 역시 같은 논리로 1년의 기년복을 주장
        왕비의 죽음에 사대부 예법 적용은 잘못

• 예조에서 처음에는 1년 기한의 기년복으로 결정했다가
  잠시 후 기해년 국상 때 조대비의 복제가 기년복이었으므로
  9개월 기한의 대공복(大功服)으로 고치고 자신들의 실수를
  벌해 달라고 청함

(2) 국왕과 서인의 논쟁

- 남인계의 대구 유생 도신징(都愼徵)이 상소, 기년복의 오류 지적하자 현종이 중신들을 불러 재검토를 지시

- 왕과 서인 사이에 네 차례의 논쟁이 오갔으나 서인들은 기존 입장을 견지

- 현종은 기해년 복제는 장자와 차자를 구분 않고 국제기년설 (國制朞年說)을 채택했다는 이유로 이번 조대비의 복제를 기년복으로 정하고, 송시열에게 찬동한 서인들을 처벌

(3) 제2차 예송의 결과

- 갑인예송는 도신징의 문제 제기, 현종과 서인 사이의 논쟁으로 진행, 허목과 윤휴 등 남인 영수들은 불참

- 현종은 조대비의 복제를 기년복으로 재결정하고 한 달여 만에 갑자기 승하

- 왕위 계승한 숙종이 복제의 오례(誤禮)와 종통(宗統)을 문란시킨 죄를 물어 송시열 등 서인들을 유배 보내고 남인들을 중용 ⇒ 갑인환국(甲寅換局)

예치(禮治)의 나라

- 정권의 중심인 서인 실각, 50년 만에 남인이 정권 장악

- 본질은 효리천하(孝理天下)의 명분을 앞세운 예제식인 (禮制食人)의 피바람 당쟁, 후기 붕당정치 더욱 가속화

- 탁상공론의 당쟁으로 조선 멸망을 앞당긴 원인 중 하나 → 식민사관의 세뇌

- 예법 쟁송으로 정권이 바뀌는 예치(禮治)의 나라, 살벌한 당쟁도 수준 높은 예법 논쟁으로 진행 → 민족사관

5. 예의 본질

- 억기존인(抑己尊人) : 자신을 낮추고 타인을 높이다!

- 외관상 형식적이지만 실제로 자기를 낮추고 상대를 공경하는 마음을 표하는 겸양의 미덕이 예법의 올바른 정신!

- 자신의 불편을 감수하는 고지식에 깃든 자기 억제와 타인을 배려하는 정신

예란?

(1) 지하철 맞은 편 좌석의 속옷 노출
- 어떻게 알릴 것인가?
직접 고지 혹은 동성(同性)을 통한 우회 고지?
친절의 형식도 중요, 배려의 정신이 필요
(2) 사랑과 좋아함의 구별
- 대쉬(Dash) vs 스토킹(Stalking)
상대 배려와 자기 중심의 일방통행
사랑은 대상이 잘 되기를 바라는 마음이 기본

5.1 평양선비 황순승의 문상

억기존인(抑己尊人)의 배려

바로 문상하지 않고
평양으로 되돌아가
정식 부고장을 받고
의관을 정제하여
다시 한양으로 올라와 문상하다.

자기를 낮추고 상대가 예를 차리도록
배려하고 존중하는 정신

5.2 공자의 제례 집전

- 국가의 제례를 담당한 공자

- 예법 절차를 일일이 묻고 진행

- 제자들의 질의에 이런 태도가 바로 예라고 대답

- 예법 진행의 자세 : 삼가고 조심
  예의 본질은 형식이 아니고 정신!
  형식은 시대에 따라 변화 가능

공자의 중용(中庸) 정신

- 시대 대세가 명주관 착용, 검소해 공자 자신도 명주관 착용

- 마루 위에서 절하는 인사 예절이 유행
  공자가 보기에 정성이 부족하다고 느껴 자신은 땅에
  엎드려 절하는 옛 예법 고수

- 예는 인간 상호간의 관계 원활을 위해 존재하지 형식을
  위해 존재하지 않음

- 예는 형식에 깃든 정신이 중요, 형식 자체는 변화 가능

공자의 도(道)

- 충(忠)과 서(恕)일 뿐이다!
- 충: 성실과 정성
- 서: 역지사지(易地思之)
  자기가 싫어하는 일을
  남에게 행하지 말라!

공자·맹자의 사상은 관계의 문제를 해결하는데
인간의 선량한 마음가짐을 중요시했습니다

3) 한국의 전통 혼례

- 친영(親迎)의 전통
  신랑이 신부네 집에 가서 신부를 맞기
  장가들기
- 시집에 온 신부는 3일 동안 독상을 받음
  신부 배려의 서도(恕道)

모당 홍이상 평생도
김홍도 1781년

서도(恕道)

- 역지사지(易地思之)의 도리

- 존중 받고 싶으면 남을 먼저 존중하라!
  타인 존중은 자기 존중으로 되돌아옴
  그러므로 타인을 배려하면 자신의 행복도 증대

- 억기존인의 정신 확대되면 사회 평화가 보장
  인간이 평화롭게 함께 사는 법

예의 본질

- 예는 곧 자기 억제
  자아 팽창과 자아 축소 간의 조화
  인간관계의 조화
- 자기 낮춤이 현대 사회 갈등 해소의 열쇠
- 그러므로 예의 본질은 "和爲貴(화위귀)"
  조화 곧 중용이 가장 중요!
- 예는 나를 변화시키고 세상을 변화시키는 힘

9-1강
지(知)의 문자적 해석

목 차

1. 알 '知(지)'자의 구성

- 『설문해자(說文解字)』의 풀이:
  "말이라는 뜻이다. 口와 矢에서 나왔다."

- 서개(徐鍇)의 주:

- "입에서 나온 것이 화살처럼 빠르다. 이치를 아는 것이 마치 화살처럼 빠르다는 뜻이다. "

- 『설문해자』의 풀이는 '知'자의 유래를 잘 알지 못하며, 서개의 주는 근거가 없는 자의적 풀이에 불과함

'知(지)'의 구성

- '知'는 원래 '智'의 본래 자

- '知'자의 구성: 矢(화살 시) + 口(입 구)

- '矢'는 사냥, 작전을 대표
  '口'는 입으로 말하다 라는 뜻 = 이야기해주다

- 사냥과 전쟁 경험을 전수하다

'知(지)'의 원의와 파생의

- **이야기해주다 / 사냥과 전쟁 경험을 전수하다**

- ⇒ 경험, 상식, 진리

    ⇒ 총명, 전략, 깨우침

    ⇒ 이해하다, 알다, 깨닫다

---

2. '知(지)'의 서체

甲骨文	金文	小篆	예서	해서
갑골문	금 문	소 전	예 서	해 서

---

3. 갑골문 '知'

= 干 + 口 + 矢

- 干(간) : 사냥 무기, 사냥과 전투를 대표
- 矢(시) : 화살, 사냥과 전투를 대표
- 口(구) : 이야기하다

갑골문	금문	소전

- 사냥과 전투 경험을 입으로 전수하다
- 금문 일부와 소전에서 '干'이 사라지고 자형이 간단화

갑골문 '知'2

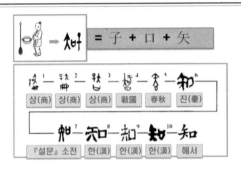

갑골문 '知'2

- 知 = 子 + 矢 + 口

- 상대방이 활을 쏘았다고 입으로 말하는 동시에 아이가 맞아 질병(疾病)이 났다는 뜻

- 활에 맞으면 위험하다는 사실을 알게 되었고, 이로부터 '상황을 알다'라는 뜻이 나옴

갑골문 '知'3

- 왼쪽 矢는 쇠뇌의 상형자, 오른쪽 口는 입의 상형자
- 전투에서 궁수는 호령에 따라 화살을 발사하므로 궁수가 호령을 듣고 알았다는 표시
- '知'는 곧 명령을 받고 알았다는 뜻
- 갑골문 '干 + 口 + 矢' 중 干은 긴 창의 상형이고, 矢는 화살의 상형, 口는 입의 상형
- 이는 군대 안에서 군령을 발하는 상형으로, 알았다는 표시 곧 군령을 받았다는 뜻

172 한문과 문화

4. 갑골문 '智'

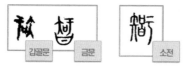

* 금문과 소전 아래에 '曰(왈 : 말하다)' 자가 더해진 것은
  담론(= 이야기하다) 의미의 강화임

'智(지)'의 의미

* 고대에 화살로 수렵하던 것은 성년 남성의 기본상식이자
  중요한 경험
* '智'는 곧 입으로 전해지는 경험 지식, 곧 볼 수 있고
  만질 수 있는 것에 대한 해석
* 경험과 지식(知)의 축적 곧 지혜(智)와 동의어
* 知와 智가 서로 통용

5. '智(지)'자의 종합적 해석

* 知 = 矢(화살 시) + 口(입 구)
* 고대 전장의 전투에서 화살이 입으로 날아오면 위험하다는
  사실을 인지하는 것, 곧 경험 지식 '알다'의 뜻
* 智 = 矢(화살 시) + 口(입 구) + 曰(가로 왈)
* 고대 전장의 전투에서 화살이 입(=몸)으로 날아오면
  위험을 인지하는 경험 지식을 바탕으로 화살이 날아온다
  또는 피하라고 주위에 말하는 것, 곧 경험 지식의 축적과
  응용 곧 지혜

'智(지)'자의 종합적 해석

- 앎은 자기 자신만의 소유가 아니라 타인과 나눠 공유할 때 더욱 큰 가치를 발함

  "배워서 남 주라!" = 지식의 공익성

- 앎은 단순한 지식 단계를 뛰어 넘어 자신이 아는 것을 행동으로 실천할 때 비로서 올바른 의미를 가짐

  지행합일(知行合一) = 삶을 위한 앎
  실천궁행(實踐躬行) = 실학, 지식의 실용성

9-2강
지(智)와 유가문화

IV.
지(智) 세상을 위한 수양
Intelligence, Cultivation for the world

목 차

1. '學(학)'자의 뜻

배움은 유가의 신앙

- 『논어(論語)』의 첫머리

  學而時習之, 不亦悅乎!
  학 이 시 습 지 불 역 열 호

  배우고 늘 실습하면 또한 즐겁지 아니한가!

  『논어 · 학이(學而)』

- 선진(先秦)시대 '習'자 용례는 대부분 '실습'의 뜻
- 주희 『논어집주』에서 '학습'으로 도덕적으로 해석

갑골문 '學(학)' 자

學 = 쌍수(雙手) + 爻(효) + 宀(면)

두 손으로 효(爻)를 세다
곧 산가지로 수(數)를 배우다

爻(효) : 동시에 음을 표시
宀(면) : 실내를 나타내는 상형 부호
　　　　곧 학습의 장소를 표시

금문 '學(학)' 자

- 서주(西周) 금문(金文)에
  '子'가 첨가
  배우는 아동을 강조
  마침내 '學' 자 완성

- 선생님이 학당(學堂)에서 아이들의 손을 잡고 셈법을
  가르친다는 뜻

'學(학)' 자의 변천

甲骨文	金文	小篆	楷書
갑골문	금문	소전	해서

- 윗부분은 두 손에 산주(算籌 = 산가지)를 들고 있는 모습
  아랫부분은 실내에서 아이에 있는 모습

2. 유가문화권의 교육열

- 교육은 입신양명의 등용문(登龍門)
  개천에서 용 나기가 가능한 사회

- 중국의 교육열
  초등생의 베이징대학 견학 및 사인 받기
  조기 교육 : 기숙 유아원의 영어 교육

유가문화권의 교육열

- 타이완의 교육열
  유치원부터 대학까지 명문 서열화
  입시철 공묘(孔廟)에서의 합격 기원
- 일본의 교육열
  초등생의 명문중학교 진학 위한 학원 선행학습
- 한국의 교육열
  이른바 7호선 라인 강남학군 진입 경쟁과 집값 상승
  학원가의 심야 교통체증

베이징 국자감의 진사제명비(進士題名碑)

베트남 하노이 문묘(文廟)의 석귀(石龜)

조선시대 장원급제(壯元及第)

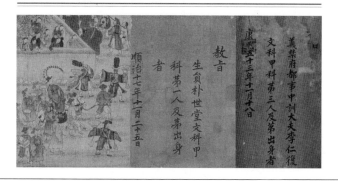

가문의 영광

- 과거 급제는 개인의 영광이자 가문의 영광

- 공부에 개인의 입신출세와 가문의 명운이 달림
  ⇒ 부정행위도 불사!

- 학문의 목적
  ⇒ 장원급제, 조상과 가문을 빛내다!

- 장점 : 공부로 신분 상승, 계층 이동 가능

부정행위도 불사

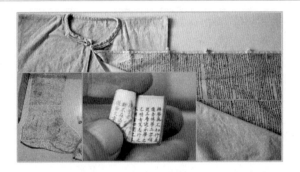

중국 과장(科場) 비리

- 당 현종의 총애를 받던 어사중승(御史中丞) 장의(張倚) 아들 장석(張奭)이 백지를 내고도 장원급제하다

조선시대 난장(亂場)의 유래

- 응시생의 답안을 대신 작성하거나 답안을 베껴 주는 난장판 과거시험장

김홍도의 「소과응시(　　　　)」일부

조선시대 과장(科場) 부정행위

숙종 때의 일이다. 성균관 앞 반촌(泮村)의 한 아낙이 나물을 캐다가 노끈이 땅에 묻힌 것을 발견하고 잡아 당겼다. 대나무 통이 묻혀 있었다. 대나무 통은 땅속을 통해 과거시험이 열리는 성균관 반수당(泮水堂)까지 연결되어 있었다. 부정행위자는 대나무 통을 매설하고, 통 속에 노끈을 넣은 것이다.

조선시대 과장(科場) 부정행위

과장(科場)에서 시험문제를 노끈에 매달아 보내면, 밖에 있는 자가 줄을 당겨 시험 문제를 확보한다. 그리고 답안지를 작성해 노끈에 묶어 보내는 수법이었다. 당국이 조사를 했으나, 범인을 잡을 수 없었다고 한다.

『숙종실록(肅宗實錄)』31년 2월 18일

부정행위 수법

- 차술차작(借述借作): 남의 글을 베껴 쓰거나 남에게 부탁해 대리시험을 치는 수법
- 정권분답(呈券分遝): 답안지 바꿔 제출하는 수법
- 외장서입(外場書入): 시험장 밖에서 미리 답안을 작성해 가지고 들어가는 수법
- 이졸환면출입(吏卒換面出入): 과장 출입 통제 업무를 맡은 관리가 시험 중에 자기 대신 다른 인물을 들여보내 답을 일러주던 수법

3. 공자의 교육

사학(私學)의 창시자

- 중국 최초로 사학(私學) 설립

- 가르침에 차별을 두지 않고 가르침을 청하면 누구나 제자로 받아들임

- 조건: 15세 이상, 속수(束脩)의 예를 행한 자
  속수의 예(초면 인사 예법): 돼지 육포 10가닥 묶음

- 교육을 통한 인간과 문명의 발전을 신뢰

속수(束脩)의 예

自行束脩以上, 吾未嘗無誨焉。
자 행 속 수 이 상   오 미 상 무 회 언

육포 한 묶음을 가져온 15세 이상이면 나는 이들을 가르치지 않은 적이 없다.

- 고대에는 대체로 15세에 학문에 입문

3.1 공자의 호학(好學)

• 공자의 인격적 특징

 공자의 삼호(三好)

 (1) 호학(好學) : 배우길 좋아하다
 (2) 호문(好問) : 묻길 좋아하다
 (3) 호교(好敎) : 가르치길 좋아하다

공자의 호학(好學)

• 재여(宰予)의 낮잠을 꾸짖다

 거름이 섞인 흙으로는 벽을 바를 수 없고
 썩은 나무에 조각을 할 수 없다.

• 불치하문(不恥下問)

 자기보다 못한 사람이나 아랫사람에게 물어 보길
 부끄러워 하지 않다!

공자의 호학(好學)

공자의 호학(好學)

- 『공자성적도(孔子聖跡圖)』
  "노담에게 도를 묻다(問道老聃)."

- 『예기(禮記)·증자문(曾子問)』:

  吾從老聃助葬於巷黨
  오종노담조장어항당

  내가 노담을 따라다니며 향리에서 장례를 도왔다.

공자의 호학(好學)

공자의 호학(好學)

공자의 호학(好學)

(위편삼절)
공자가 만년에 『주역(周易)』을 좋아하여
책을 엮은 가죽 끈이 세 번이나 끊어졌다.

공자는 생이지지(生而知之)?

我非生而知之者, 好古, 敏以求之者也。
아비생이지지자   호고   민이구지자야

나는 나면서부터 사리를 다 아는 사람이 아니라,
옛 문물을 좋아하고,
민첩하게 이를 탐구하는 사람이다.

『논어·술이(述而)』

- 공자 역시 학이지지(學而知之)하는 선비

3.2 공문(孔門)의 교과 구성

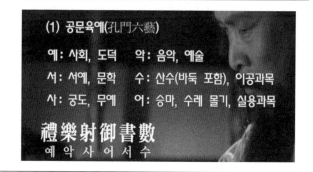

(1) 공문육예(孔門六藝)

예: 사회, 도덕   악: 음악, 예술
서: 서예, 문학   수: 산수(바둑 포함), 이공과목
사: 궁도, 무예   어: 승마, 수레 몰기, 실용과목

禮樂射御書數
예 악 사 어 서 수

(2) 공문사과(孔門四科)

덕행(德行)	안연(顔淵), 민자건(閔子騫) 염백우(冉伯牛), 중궁(仲弓)
언어(言語)	재아(宰我), 자공(子貢)
정사(政事)	염유(冉有), 자로(子路)
문학(文學)	자유(子遊), 子夏(자하)

3.3 공자 교육의 특성

(1) 즐기는 공부

知之者不如好之者,
지지자불여호지자
많이 아는 사람은 공부를 좋아하는 사람만 못하고,

好之者不如樂之者。
호지자불여낙지자
공부를 좋아하는 사람은 이를 즐기는 사람만 못하다.

『논어·술이(述而)』

(2) 인인시교(因人施敎)

- 학생 수준에 따라 가르치다
  ↳ 개별화, 수준별, 특성화 교육

  예) 염유(세리), 자로(국방, 안보담당)
     자하(국가문서담당), 자공(상업, 외교)
     안연(안빈낙도, 학문) 등 다양한 인재 양성

- 지식을 세상 위해 사용, 곧 지식의 공익화(公益化)

학무지경(學無止境)

4. 조선시대의 교육

4.1 조선시대 국왕 교육, 경연(經筵)

* 조강(朝講: 아침 공부) 해가 뜰 무렵 거행
* 주강(晝講: 정오 공부)
* 석강(夕講: 오후 공부) 미시(未時) 곧 오후 2시
* 야대(夜對): 밤에 홍문관 숙직 경연관과 경연 진행
* 소대(召對): 수시, 임금이 친강(親講)

국왕의 경연(經筵)

* 조선시대 숭유(崇儒)정책, 태조 때부터 경연청 설치
* 모범적 임금: 세종, 성종, 영조, 정조
  세종은 즉위 후 20년간 매일 경연 참석
  성종은 즉위 후 25년간 매일 세 번 경연 참석
* 세조와 연산군 때 일시 중단, 고종 때까지 지속
* 헌종은 9세에 등극하여 경연 때마다 제발 질문하라고
  경연관에게 호된 훈시를 받았음

4.2 정약용의 교육론

다산(茶山)의 황상 지도

- 내가 황상에게 문사(文史)를 공부하라고 권했다.

  황상은 머뭇거리더니 부끄러운 낯빛으로 사양하였다.

  "저는 세 가지 병통(病痛)이 있습니다.
  첫째는 둔한 것이요, 둘째는 막힌 것이며,
  셋째는 미숙한 것입니다."

  내가 말했다. "배우는 자에게 세 가지 큰 병통이 있는데,
  자네는 이것이 없다.

다산(茶山)의 황상 지도

- 첫째, 기억력이 뛰어나면 공부를 소홀히 하는 폐단이 있다.

- 둘째, 문장력이 뛰어나면 글이 가벼워지는 폐단이 있다.

- 셋째, 이해력이 빠르면 투철하지 않고 오래가지 않는
  폐단이 있다."

  황상(黃裳, 1788~1863?)의 「임술기(壬戌記)」

5. 선비의 책무

선비란?

* 영원한 학생

* 임금의 부름에 언제든지 응할 준비된 학자

* 임금도 공부를 해야 정사를 일임할 인재를 알아보는 혜안을 갖추는 것이 성군(聖君)의 요건

일본의 무사도(武士道)

* 유학을 받아들여 이를 바탕으로 삼는 지적 문화인, 결코 단순한 낭인(浪人)이 아니다.

* 구호: "주자학의 도덕에 따르는 인생을 살자!"

주자학(朱子學)

한국	일본
선비	사무라이
• 의리와 지조, 시대적 사명감과 책임 의식, 시류 영합 거부 • 청렴과 청빈, 검약과 절제 • 목숨을 건 간언(諫言) • 시시비비를 가리는 「춘추(春秋)」의 역사 정신과 비판의식 계승	• 군주의 명에 따르되, 자기 신념에 어긋난 명은 간언(諫言)이 의무이자 대(大)충절 • 일신 안락 위해 군주의 악행 추종은 대(大)불충

선비의 풍류(風流)

- 시(문학), 서(서예), 악(음악), 무(춤) 등 예술적 감흥을 바탕으로 인격 도야

- 종체적 인문교양으로 문학, 역사, 철학, 예술 방면의 지식 구비

실천궁행(實踐躬行) : 앎의 실천

- 지식 취득의 목적

  일신의 출세보다 공동체의 삶을 향상, 윤택, 인류 문화에 기여

- 지식의 참된 의미

  완성된 인격을 지향하는 종교적 경건함 구비

  끊임없이 자기 수양, 인류를 위한 실천으로 발전

- 지행합일(知行合一)해야 앎이 비로소 의미를 가짐

10-1강
묵자와 묵가문화1

목 차

1. 묵자와 묵가

- 묵자(墨子, B.C.479~B.C.381)

  전국시대 초기 송(宋)나라의 사상가, 묵가(墨家)의
  창시자 묵적(墨翟)

- 핵심 사상 : 겸애(兼愛), 상현(尙賢), 비공(非攻)
  비유(非儒), 절장(節葬), 절용(節用)
  교상리(交相利)

- 非(비) : 비난하다, 비판하다
  節(절) : 절약하다, 절제하다

전국(戰國)시대의 현학(顯學)

"양주(楊朱)와 묵적(墨翟)의 학설이 천하에 가득 차서
천하의 학설이 양주에게 귀결되지 않으면 묵가에게로
귀결된다."

『맹자(孟子)·등문공(滕文公)』

"세상의 현학은 유가와 묵가이다."

『한비자(韓非子)·현학(顯學)』

1.1 왜 검을 '묵(墨)'인가?

(1) 얼굴에 묵형(墨刑)을 받은 집단
   죄인임을 공공연히 밝히는 반체제적 집단

· 펑유란(馮友蘭):

   묵가사상 = 하층 무사(武士)계층 직업윤리의 이론화

(2) 검은 노동복을 입고 근로와 절용(節用)을 실천한
   하층민 집단

묵형(墨刑)

고대에는 죄인이나 천민의 얼굴에 문신을 새겼는데
이것을 경면(黥面)이라고 합니다

왜 검을 '묵(墨)'인가?

(3) 먹줄을 가지고 다니는 목공(木工)
   먹 = 법도(法度)
   엄격한 규율의 수공업 기술자 집단

· 결론: 조직화된 하층민 무력 집단
   공동 생활과 노동, 공동 생산
   전국 후기 자객(刺客)의 원형
   근·현대의 무정부주의자와 유사

1.2 묵가(墨家)의 특징

(1) 실천궁행(實踐躬行)

근검 절약, 검소한 생활을 몸소 실천하는 행동가의 삶

* 墨突不得黔(묵돌부득검):

묵가의 집은 아궁이에 불을 지피지 못할 정도로 가난해서
굴뚝에 검댕이 없다.

묵가(墨家)의 특징

(2) 희생정신 : 마정방종(摩頂放踵)

墨子兼愛, 摩頂放踵利天下, 爲之。
묵자겸애 마정방종리천하 위지

묵자는 겸애를 주장했으며, 정수리가 다 닳고 발꿈치가
다 까지도록 천하를 이롭게 하는 것이라면 모두 하였다.

『맹자(孟子)·진심상(盡心上)』

2. 묵자(墨子)의 사상

* 천하대란의 원인 : 상호 사랑의 결핍
  "천하의 혼란은 모두 서로 사랑하지 않으므로 일어난다."

* 해결책 : 겸애(兼愛 : 무차별 사랑)와 교리(交利 : 상호 이익)
  겸애와 교리가 사회적으로 작동되도록 법과 제도를 개혁

  "반드시 천하의 이익을 일으켜 서로 사랑하고
   서로 이롭도록 법을 바꿔야 한다."

2.1 겸애(兼愛)

- 박애주의(博愛主義)적 무차별 사랑

  "다른 나라 보기를 자기 나라 보듯 하고,
  다른 집안 보기를 자기 집안 보듯 하고,
  타인을 보기를 자기 보듯 해야 한다. "

  궁극적으로 세상 모든 사람을 차별 없이 똑같이 사랑한다.

겸애(兼愛)

겸애는 모든 것을 포용하는 사랑입니다
세상의 모든 이들을 사랑하는 것입니다

겸애(兼愛)

저는 이것이 예수의 생각과 다를 바 없다고 생각합니다

겸애(兼愛)

若使天下兼相愛, 愛人若愛其身, 惡施不孝?
약사천하겸상애 애인약애기신 오시불효

만약 천하로 하여금 서로 겸애하게 하여, 남을 자기
몸 같이 사랑한다면, 어찌 불효가 있겠는가?

"그러므로 천하가 서로 겸애하면 평화롭고, 서로 미워
 하면 혼란해진다."

겸애(兼愛)

- 하늘의 비가 모든 사람에게 보편적 혜택

  하늘의 사랑을 본받아(法天愛 : 법천애) 차별 없는 사랑으로
  만인에게 혜택

- 사랑의 전제 조건 : 서로 이익이 되어야 함

  兼相愛(겸상애), 交相利(교상리)

  利 = 공익 = 공동의 이익

겸애(兼愛)

교상리(交相利)

- 서로에게 이익이 되는 사랑
- 맹인과 앉은뱅이 걸인의 상부상조(相扶相助)

겸애(兼愛)

- 묵가의 지혜: 이타(利他) = 이기(利己)
- 맹인이 등불을 들고 다니는 이유
  - (1) 맹인을 쉽게 발견, 부딪히지 않아서 안전함
  - (2) 등불이 길을 밝혀 타인의 길 안내 가능
  - (3) 타인도 맹인을 부축, 도랑에 빠지는 위험 감소
  - (4) 이타(利他)의 행동이 결국 자기를 돕는 길

2.2 반전(反戰)

- 묵자의 궁극적 목표는 춘추시대 말기의 불의한 전쟁 종식, 평화 회복, 민생 안정
- 춘추전국(春秋戰國)시대
  정의롭지 못한 전쟁 빈발
  무도(無道), 불인(不仁), 불의(不義)의 시대
  최대 피해자는 백성, 민생
  전쟁 반대, 민생우선 주장

반전(反戰)

묵자는 전국시대 초기 사람으로
정의 없는 혼란한 전쟁의 시국에 처해 있습니다

반전(反戰)

전쟁은 여러 재해 중에서도 가장 잔인하고
파괴력이 가장 강한 재해라고 할 수 있습니다

반전(反戰)

세상이 이토록 어지럽고 백성들은 제대로 먹지도, 입지도 못하는
근본적인 원인이 무엇이냐 바로 전쟁, 특히 불의한 전쟁이라는 것입니다

전쟁이 낳는 우환

• 세 가지 우환(三患):

  ① 기자불식(飢者不食): 굶주린 자 먹지 못한다.

  ② 한자불의(寒者不衣): 헐벗은 자 입지 못한다.

  ③ 노자불식(勞者不息): 수고한 자 쉬지 못한다.

(1) 반전의 논리, 의제(宜弟)

魯陽文君語子墨子曰: "楚之南有啖人之國者橋,
노양문군어자묵자왈　초지남유담인지국자교

노양의 문군이 묵자에게 말했다.
"초나라 남쪽에 교라는 식인국이 있으며

其國之長子生, 則鮮而食之, 謂之宜弟。
기국지장자생　즉선이식지　위지의제

그 나라는 장남이 태어나면 산 채로 잡아먹는데
이를 의제라고 한다.

반전의 논리, 의제(宜弟)

美, 則以遺其君, 君喜則賞其父。豈不惡俗哉?"
미　즉이유기군　군희즉상기부　기불악습재

맛있으면 임금에게 보내고,
임금 마음에 들면 아이의 아비에게 상을 내린다.
어찌 악습이 아니겠는가?"

의제(宜弟)

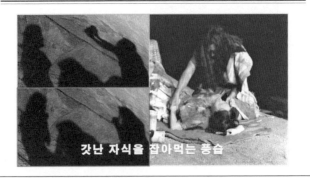

갓난 자식을 잡아먹는 풍습

반전의 논리, 의제(宜弟)

子墨子曰: "雖中國之俗, 亦猶是也。殺其父
자묵자왈　수중국지속　역유시야　살기부

묵자가 말했다. "비록 중국 풍속일지라도
역시 이와 같다. 아비를 전쟁에 내보내 죽이고서

而賞其子, 何以異食其子而賞其父者哉!
이상기자　하이이식기자이상기부자재

그 아들에게 상을 내리는 것이 아들을 먹고서
그 아비에게 상을 내리는 것과 무엇이 다른가!

『묵자·노문(魯問)』

전쟁이 가장 큰 불의(不義)

* 의로움과 불의의 구별: 「非攻(비공)」

"살인은 복숭아 절도보다 그 죄가 더 무겁다.
한 사람을 죽이면 불의(不義)라고 한다.
지금 크게 나라를 공격하면 그 그릇됨을 알지
못하고 그것을 의(義)라고 칭송한다.
이러고서도 의(義)와 불의(不義)를 분별할 줄
안다고 말할 수 있겠는가?"

전쟁과 양약(良藥)

- 침략전쟁이야말로 가장 큰 범죄

- 나쁜 평화가 없듯이 좋은 전쟁은 없다!

  "만 명에게 약을 써서 서너 명만 효험을 보면 그는
  양의(良醫)가 아니다. 그리고 그것은 약이 아니다.
  그러한 약을 부모님께 드리겠는가?"

- 소수의 전승국보다 수많은 패전국의 비극에 주목
  엄청난 인명 살상과 재산의 파괴 수반

(2) 반전의 행동 묵수(墨守)

초(楚)나라 공수반(公輸盤)이 운제(雲梯)를 만들어
송(宋)나라를 공격할 것이라는 소식을 들은 묵자가
기선을 제압하기 위해 초나라로 갔다.

공수반을 만난 묵자는 이렇게 말했다.

"나는 당신이 신무기를 써서 송나라를 친다는 소식을
들었소. 땅이 남아도는 초나라가 비좁은 땅에 인구만
많은 송나라를 빼앗으려 합니까? 더구나 송나라는
아무런 잘못도 없는데."

묵수(墨守)

대답할 말이 궁해진 공수반은 왕을 핑계 댔다.
초나라 왕을 만난 묵자는 이렇게 말했다.

"새 수레를 가진 사람이 이웃의 헌 수레를 훔치려 하고,
비단옷을 입은 사람이 이웃의 남루한 옷을 훔치려 한다면,
왕은 이를 어떻게 생각합니까?"

"그건 도벽 때문일 거요."

"그렇다면 사방 5천리 대국이 사방 5백리도 안 되는
나라를 치려는 것과 무엇이 다르겠습니까?"

묵수(墨守)

말문이 막힌 초나라 왕은 겨우 입을 뗐다.

"나는 단지 공수반의 재주를 실험해 보려고 했을 뿐이오."

그러자 묵자는 공수반의 재주와 겨뤄 보겠다며 허리띠를 풀어 성을 만들고 목패(木牌)로 성벽을 쌓았다.

공수반이 모형 운제로 아홉 번 성을 공격했다.

묵자는 그때마다 굳게 지켜 다 막아냈다.

전쟁 시뮬레이션

첨단과학전(戰) 수행

- 초왕 앞에서 공수반과 전쟁 시뮬레이션

- 이동형 공성무기 운제(雲梯)

- 적군의 땅굴 탐지용 옹청(甕聽)

- 연기로 적군 퇴치, 일종의 가스전(戰)

고대의 첨단 무기

공성(攻城)무기 운제(雲梯)   묵자의 신무기 불화살

옹청(甕聽)

그래서 이러한 옹청(甕聽)을 통해
적들이 땅굴을 파는 방향을 알아낼 수 있고

(3) 약자를 위한 반전평화사상

"강대국이 약소국을 공격하고,
  큰 가문이 작은 가문을 흔들고,
  강자가 약자를 겁탈하고,
  다수가 소수를 억압하고,
  간사한 자가 어리석은 자를 속이고,
  귀한 신분이 천한 신분을 업신여기는
  이것이 바로 천하의 해악이다."

약자를 위한 반전평화사상

- 대책 : 교상리(交相利)
  대국이 소국을 공격하면 연합해 대항

- 궁극적으로 국가간 상호 이득이 되는 국제관계를 맺어
  전쟁 가능성을 원천 차단

10-2강
묵자와 묵가문화2

2.3 평등(平等)

- 공리(公利) 곧 공동의 이익 주장
  모두의 이익 추구, 사익에 얽매이지 않음

- 사회 전체의 공익과 평등한 인간관계 추구
  인간 사이의 평등 매우 강조

- 공평에 근거해서 사회정의 실현
  사회 정의 > 가족애 → 하늘의 뜻에 부합

공정무사(公正無私)

- 묵가의 지도자 거자(鉅子) 복(復)의 아들이 살인

- 진혜왕(秦惠王):
  "연로한 선생의 독자이니 죽이지 않기로 결정"

- 거자 복
  "묵가의 법: '살인자는 죽이고,
  남을 상해한 자는 형벌을 가한다.'
  살상 금지는 천하의 대의(大義)인데,
  내 아들만 예외는 불가, 사형이 불가피!"

묵가의 법에 예외란 없다!

진 혜왕의 사면 제의를 거절하는 거자 복

공정무사의 실천

- 진혜왕의 제의 거절, 아들을 처형

- 평가 :

    사사로움을 참고 대의를 행함으로써 거자 복은
    묵가의 공정무사한 정신을 실천함

    『여씨춘주(呂氏春秋)·거사(去私)』

겸애는 평등이 기반

공평을 통해 사회정의 실현

2.4 절용(節用)

「묵자·절용(節用)」:

"쓸데없는 비용을 없애는 것이 성군(聖君)의 방식이며,
천하의 큰 이익이다."

- 무용지비(無用之費 : 무용한 비용)의 예

  창칼, 궁궐, 옷, 음식, 수레, 배, 장례, 음악

- 비악(非樂), 절장(節葬)의 근거

(1) 비악(非樂)

與君子聽之, 廢君子聽治 ;
여군자청지　폐군자청치

군자와 함께 음악을 들으면
재판과 치국의 일을 내팽개치고,

與賤人聽之, 廢賤人之從事。
여천인청지　폐천인지종사

천민과 함께 음악을 들으면
천민이 할 일을 내팽개친다.

『묵자·비악(非樂)』

今天下士君子, 請將欲求興天下之利,
금천하사군자　청장욕구흥천하지리

지금 천하의 선비와 군자는
진심으로 천하를 위해 이익을 도모하고,

除天下之害, 當在樂之爲物, 將不可不禁而止也。
제천하지해　당재악지위물　장불가불금이지야

천하를 위해 해악을 제거하려고 하므로
음악과 같은 물건은 금지가 불가피하다.

음악을 비판하다

- 국가의 모든 일은 이국(利國)과 이민(利民)의 생산적 활동이어야 함
- 악기 제작은 백성의 재물 수탈과 인력 동원이 필수, 백성의 생산적 활동을 황폐화시킴
- 음악은 또한 사람들을 유흥에 탐닉, 음란한 풍조가 성행
- 음악이란 혼자 즐기면 재미가 없으므로 남과 함께 듣고 즐기므로 치자와 백성 모두 본분을 잃고 나태에 빠짐

(2) 절장(節葬)

- 후장(厚葬)은 백성의 가산과 제후의 부고(府庫)를 탕진, 시신의 금옥 치장은 낭비
- 구상(久喪)은 상주가 장기간 굶거나 혹은 영양실조로 건강을 해침
- 삼년상 동안 군주는 조회를 주재하지 못하고, 농부는 경작하지 못하고, 장인(匠人)은 기구를 만들지 못해 통치 기능과 사회적 생산 활동이 마비됨

절장(節葬)

- 고대의 요, 순, 우임금과 같은 성군의 장례도 매우 간소
- 관목 3촌(寸), 수의 세 벌, 묘혈 넓이 3척에 깊이는 지천(地泉)까지 이를 필요 없음
- 절장(節葬)하고 생산에 종사해야 사자 제사와 남은 부모 봉양에 도움, 이것이야말로 진정한 효도

(3) 절용(節用) 비판

- 순자(荀子)의 묵자 비판:

  "墨子蔽於用而不知文."
  묵자폐어용이부지문

  실용에 눈이 가려 문화를 모른다.

  『순자(荀子)·해폐(解蔽)』

3. 겸애의 실천

3.1 무마자의 질의

무마자(巫馬子)가 묵자(墨子)에게 말했다.

"그대는 세상을 겸애하지만 세상에 이롭다고 말할 수
없고, 나는 천하를 사랑하지 않지만 해롭다고 말할 수
없다. 효과가 아직 나타나지 않았는데 그대는 왜 자기만
옳고 나는 틀렸다고 하는가?"

물 한 잔의 실천

묵자가 말했다.

"여기에 불이 났다. 한 사람은 물을 떠와서 끼얹었고 한 사람은 불씨를 가져와 불길을 더하였다. 둘 다 모두 효과가 나타나지 않았는데, 그대는 누구 편을 들겠는가?"

무마자가 말했다.

"나는 물을 끼얹은 자의 뜻을 찬성하지 불길을 더한 자의 뜻을 찬성하지 않는다."

누가 더 성실한가?

무마자가 묵자에게 말했다.

"그대가 의(義)를 행한들 사람들이 구경만 하고 도와주지 않으며, 귀신도 보기만 하고 부귀영화를 주지 않는데도 그대는 여전히 의를 행하니 정신병자이다."

묵자가 말했다.

"지금 그대에게 신하가 둘 있다고 하자. 한 사람은 그대를 보면 일하고 그대가 보이지 않으면 일하지 않으며,

누가 더 성실한가?

한 사람은 그대를 봐도 일하고 그대가 보이지 않아도 일한다. 그대는 이 둘 중에 누구를 귀하게 여기는가?"

무마자가 말했다. "나는 날 봐도 일하고 내가 보이지 않아도 일하는 자를 귀하게 여긴다."

묵자가 말했다. "그렇다면 당신도 정신병자를 귀하게 여기는 셈이다."

『묵자(墨子)·정주(耕柱)』

누가 더 성실한가?

3.2 문지기가 몰라보다

(묵자가) 초(楚)나라의 송(宋)나라 침공 시도를 저지했고, 초나라의 정(鄭)나라 침공 시도를 저지했으며, 제(齊)나라의 노(魯)나라 침공을 막았다.

묵자가 송나라를 지날 때 비가 내려 마을 여각(閭閣)에서 비를 피하려 했으나 문지기가 그를 들이지 않았다.

조용히 일을 처리하는 사람의 공로는 알아주지 않으며, 드러내놓고 싸우는 사람은 그 공로를 알아준다."

화재예방 < 불을 끈 공

- 미리 아궁이를 고치고 굴뚝을 세워 화재를 예방한 사람의 공로는 알아주지 않고, 수염을 그을리고 옷섶을 태우면서 요란하게 불을 끈 사람은 그 공을 칭찬하는 것이 세상의 인심

- 개선장군에 대한 환호 뒤에 직접 싸운 병사의 노고는 망각

묵자의 자처(自處)

- 세상의 불을 끄는 한 잔의 물
- 남의 시선에 상관 없이 자기할 일을 하는 성실한 사람
- 소수의 권력자에게 이로운 처방보다 만인에게 이로운 처방(處方)
- 남이 몰라줘도 화재예방을 위해 아궁이를 고치고 굴뚝을 옮겨 세우는 노고를 마다 않는 사람

3.3 겸애, 인류애의 실천

- 겸애: 가장 위대한 사랑, 가장 순수한 사랑
  가장 따라 배울만한 사랑

- 립-서비스 아닌 실제적으로 주위와 기아를 면할 수 있는 실천적 사랑
  ⇒ 물질적 사랑으로 귀착

필요한 사랑

묵자는 서민 편에 서서
당시 서민들이 아주 피폐한 삶을 살았기 때문에
이들에게 필요한 사랑이 무엇인가 생각했습니다

겸애는 물질적인 사랑

실질적으로 배고픔을 면할 수 있고 추위를 면할 수 있고
쉴 수 있는 여유를 주는 것이 참된 사랑입니다

이것은 물질적인 것을 줄 수 밖에 없는 것입니다

겸애는 실천적인 사랑

시리아 알레포 민간인 폭격 참사와 아동 구출 장면

단순한 측은지심은 무용지물 - 당장의 실질적 도움 필요

4. 묵가 비판

4.1 무마자의 비판

"저는 선생과 달라서 겸애의 가르침을 실천할 수 없소.
남쪽의 월인보다는 이웃의 노나라 백성을, 주인보다는
노나라 사람을, 노나라 사람 중에도 같은 마을 사람을,
같은 마을 사람보다는 가족을, 가족 중에서는 부모를,
부모보다는 나를 사랑합니다.

무마자의 묵자 비판

자기와 가까운 사람을 사랑하는 것은 당연하지 않습니까?

자기가 맞으면 아프지만 남이 맞으면 아픔을 느끼지 않소.
자신에게 닥치는 고통은 달갑게 받고, 남에게 닥치는 화는
막아주려는 그 까닭을 아무래도 이해할 수가 없소."

4.2 맹자(孟子)의 묵가 비판

* 묵가 허행(許行)과 그의 문도의 집단 생활
* 자기의 손으로 옷과 신발을 만들고 직접 농사를 지음
  의식주를 자급자족으로 해결
* 모든 생산물의 가격을 통일해 1대1 물물교환 실행

맹자의 비판

* 각자 신분에 따라 분업, 각자 전공(專攻)이 있음
* 제왕이 농사를 지으며 동시에 치국이 불가능하므로 치국에
  전념하는 것이 더 효율적
* 생산품의 가치 서로 다르므로 1대1 물물교환은 불공평
* 묵가의 주장은 생산품의 가격 형성 조건 곧 품목과 품질,
  시간과 장소적 요건을 무시
* 不近人情(불근인정) : 보편 정서(상식)에 부합하지 않음

11-1강
노자와 도가문화

목 차

1. 도가(道家)

- 황노학(黃老學) 또는 노장학(老莊學)

- 황제(黃帝)는 한족(漢族)의 전설적 시조, 고대의 신선가 (神仙家)와 음양가(陰陽家)의 사상을 대표
  도가의 실제적 창시자는 노자(老子)

- 무위자연(無爲自然)을 주장
  유가의 예악과 법가의 형정(刑政) 등 형식주의 반대
  아이의 천진성(天眞性)을 회복, 무위자연의 사회 완성

도가의 도(道)

- 노자의 도(道, **Tao**)는 일반적인 도덕(**Virtue**)관념의 범주를 초월

- 유가의 인의(仁義)도덕의 상위개념

- 道可道, 非常道; 名可名, 非常名。
  (도를 도라고 말할 수 있으면 진정한 도가 아니며, 명칭을 개념화할 수 있으면 진정한 명칭이 아니다.)

- 매우 추상적이며 철학적, 곧 형이상적인 본체론

2. 노자(老子)

- 도가학파의 종사(宗師)

  "노자는 초(楚)나라 고현(苦縣) 여향(厲鄉) 곡인리
  (曲仁里) 사람이다. 성은 이씨(李氏)이고 이름은
  이(耳), 자(字)는 담(聃)으로 주나라의 국가문서를
  관장하는 사관(史官)이었다."

  『사기(史記)·노자한비열전(老子韓非列傳)』

1) 노자의 외모

- 본명 이이(李耳), 자(字)가 담(聃)
- 춘추시대 진(陳)나라 출신, 생졸(生卒)년월 미상
- 외모적 특징:

  ① 귀가 길고 크다 ⇒ 장수의 상징
  ② 귀가 아래로 늘어지다 ⇒ 연세가 높다는 의미
  　　　　　　　　　　　　　　곧 늙은 모습
- 귀가 크면 복이 많고 장수한다는 속설은 노자에게서 유래

노자(老子)의 외모

2) 왜 노자인가

① 160세 혹은 200세 장수, 노자(老子)라고 칭함

② 老子生而皓首
   노자생이호수

   노자는 나면서부터 백발

   이에 따라 부모가 '老'라고 명명(命名)

노자(老子)의 상징

흰머리, 흰 눈썹, 흰 수염
그리고 기청우(騎靑牛)

3) 노자에 대한 평가

• 공자의 노자 평
   "내가 오늘 노자를 뵈었는데, 마치 용과 같았다
   (吾今日見老子, 其猶龍邪)!"

   『사기 · 노자한비열전(老子韓非列傳)』

   용(龍) = 신묘(神妙: 神龍見首不見尾)

• 장자의 노자 평: "고대의 진인(眞人)"
   진인(眞人) = 득도한 신선(神仙)

4) 노자의 저작

- 원명: 『노자도덕경(老子道德經)』
- 간칭: 『도덕경(道德經)』
- 일반 명칭: 『노자(老子)』
- 원래 『도경(道經)』 37장과 『덕경(德經)』 44장으로 분리
- 후대에 합하여 『도덕경(道德經)』 (81장)이라 칭함
- 모두 5,000자(字)

『도덕경·제1장』

道可道，非常道。名可名，非常名。
도가도　비상도　명가명　비상명

'도'는 말로 표현할 수 없으며,
표현할 수 있으면 영원불변의 '도'가 아니다.

'명' 곧 도의 명칭은 개념화할 수 없으며,
개념화할 수 있으면 영원불변의 '명'이 아니다.

『도덕경·제2장』

天下皆知美之爲美，斯惡已。
천하개지미지위미　사악이

천하 만민 모두 '아름다움'이 왜 아름다운지 알며,
이에 따라 '못남'이란 개념도 생겨난다.

(사람 모두 동시에 '미'를 추구하고 '추'를 싫어해서
　이로 인해 경쟁적으로 '미'를 쫓으므로 결과적으로
　도리어 아름다워지지 않는다.)

『도덕경 · 제2장』

皆知善之爲善, 斯不善已。
개지선지위선　사불선이

모두 '선'이 좋다는 것을 알며, 이에 따라 '악'이란
개념이 생겨난다.

(사람들 모두 동시에 선을 쫓고 악을 가려내어 이로
인해 허위와 속임이 생겨나고 결과적으로 도리어 선해지지
않는다.)

『도덕경 · 제3장』

爲無爲, 則無不治。
위무위　즉무불치

무위의 정치를 한다면
잘 다스려지지 못할 일이 없을 것이다.

• 명예는 경쟁심을 야기, 재물은 탐욕의 마음을 유발
지치(至治: 최고의 통치) = 무위지치(無爲之治)

『도덕경 · 제9장』

金玉滿堂, 莫之能守; 富貴而驕, 自遺其咎。
금옥만당　막지능수　부귀이교　자유기구

금과 옥이 집에 가득 차있으면 지켜낼 방도가 없으며,
부귀하나 교만하면 반드시 화를 자초한다.

功遂身退, 天之道也。
공수신퇴　천지도야

공적을 이룩하면 스스로 물러남이 자연스런 도리이다.

『도덕경 · 제19장』

絶聖棄智, 民利百倍; 絶仁棄義, 民復孝慈;
절성기지   민리백배   절인기의   민복효자

성인을 차단하고 지혜를 버려야 백성의 혜택이 백 배나
된다. 인을 차단하고 의를 버려야 백성이 다시 효성과
자애로움을 회복한다.

絶巧棄利, 盜賊無有。
절교기리   도적무유

재주를 차단하고 이익을 포기해야 도둑이 없어진다.

『도덕경 · 제25장』

人法地, 地法天, 天法道, 道法自然。
인법지   지법천   천법도   도법자연

사람은 (만물을 싣는) 땅을 본받고,
땅은 (만물을 포용하는) 하늘을 본받고,
하늘은 (만물을 키우나 주인 행세하지 않는) 도를 본받고,
도는 (완전히 본성에 나온) 자연을 본받는다.

『도덕경 · 제31장』

夫兵者, 不祥之器,
부병자   불상지기

병기란 상스럽지 못한 기물이다.

物或惡之, 故有道者不處。
물혹오지   고유도자불처

만인이 모두 그것을 싫어하므로
도를 지닌 사람은 사용하지 않는다.

『도덕경 · 제77장』

聖人爲而不恃, 功成而不處, 其不欲見賢。
성인위이불시 공성이불처 기불욕현현

그러므로 성인은 만물을 양육하되 자랑하지 않고,
업적을 성취하되 그 공을 차지하지 않으며,
자기의 능력을 드러내려는 욕심도 없다.

『도덕경 · 제81장』

信言不美, 美言不信。
신언불미 미언불신

진실한 말은 달콤하지 않고,
달콤한 말은 진실하지 않다.

善者不辯, 辯者不善。
선자불변 변자불선

선량한 사람은 말솜씨가 빼어나지 않고,
말솜씨가 빼어나면 선량하지 않다.

『도덕경 · 제81장』

知者不博, 博者不知。
신언불미 미언불신

지혜로운 사람은 두루 많이 알지 않고,
두루 많이 아는 사람은 지혜롭지 않다.

11-2강
도(道)의 문자적 해석

목 차

1. '道(도)' 자의 구성

- 일반적 뜻: 길, 도의, 도리, 진리, 규율, 기술, 방법

- 『설문해자(說文解字)』:

  "道는 (사람이) 다니는 곳이다. 辵와 首에서 나왔다.
  한 방향으로 도달하는 것을 '道'라고 한다."

  辵: 쉬엄쉬엄 갈 착   首: 머리 수

- '인도할 導(도)'의 본래 자

금문(金文)의 '道'

道   行

- 道 = 行 + 止 + 首

'道(도)'자의 구성

- 道 = 辵 + 首

- 辵 = 行 + 止 = 辶(편방, 책받침)
    - = 가다가 멈추고, 멈추었다가 가다
    - = 쉬엄쉬엄 간다는 뜻

- 首 = 머리

갑골문 '首'

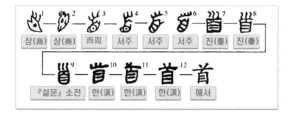

갑골문 '首'

- 머리, 눈, 입이 있는 동물 머리 모양

- 일부 금문 입 부분 생략, 동물의 요소 제거
  사람의 눈썹과 눈 부분 강조

- 사람의 머리, 앞을 바라보는 모습을 측면에서 상형
  곧 사람 머리 부분의 옆모습

2. '道(도)'자의 서체와 뜻

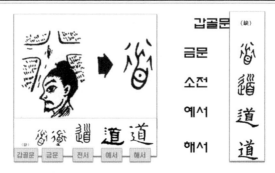

갑골문	(缺)
금문	
소전	
예서	
해서	

갑골문　금문　전서　예서　해서

'道(도)'자의 뜻

- 道는 '導'의 본래 자

- '道'자의 바깥쪽은 行과 止가 합해진 辶(착)

- '行'은 사통오달한 큰 길의 갈림길
  길을 가면서 멈추었다가 다시 길을 간다는 것은 큰 길을
  찾는다는 뜻

'道(도)'자의 뜻

- '道' 자의 안쪽 首는 사람 머리의 옆 모습을 상형한
  글자

- '道'는 앞을 살피며 가다 서기를 반복하던 사람이
  하나뿐인 나아갈 방향을 찾았다는 뜻

- 확대하면 방향을 찾아 다른 사람들을 인도하며 앞으로
  나아간다는 뜻, 곧 '인도할 導(도)'

3. '道(도)'자의 종합적 해석

- 道는 원래 길이란 뜻
- 고대에 가장 큰 길은 관도(官道)
- 관도는 수레 폭이 제한된 레일화된 대도(大道)
- 오직 한 방향, 한번 길에 오르면 목적지까지 오직 그 길 밖에 없음, 다른 길은 왜도(歪道)
- 도를 바라보는 관점이 유가와 도가가 크게 상이

1) 유가(儒家)의 '道'

- 길은 하나뿐이다!
- 사람이 다닌다고 길이 아니라 바른 길 대도(=관도)로 가야 그것이 정도(正道)
- 목적지를 가려면 관도 곧 대도가 오직 그 길 밖에 없듯이 천성적으로 인간 마음 속에 뿌리를 둔 인(仁)·의(義)·예(禮)·지(智)의 실천이야말로 하늘의 의지에 부응하는 올바른 도리이자 진리

2) 도가(道家)의 '道'

- 관도만 길이 아니며, 사람이 다니면 바로 거기가 길
- 길이 따로 없다. 길 아닌 길 없으며, 사람이 다니면 길
- 대도무문(大道無門): 아주 큰 길은 문이 따로 없다!
- 원래 길이 없었다면 자연스럽게 난 길이 참다운 길
- 자연 그대로가 곧 길, 자연이야말로 진도(眞道), 진정한 답

장창호의 도(道) 이야기

- 노자의 "道可道, 非常道; 名可名, 非常名。

- 도불가언(道不可言), 도불가전(道不可傳)

- 도가는 표현수단으로서 언어와 문자가 갖는 한계를 인식,
  이에 대한 초월을 고민한 표현 수단이 바로 우언(寓言)
  이라는 형식 발명

장자(莊子)는 우언이 십구

寓言十九, 藉外論之
우 언 십 구   자 외 논 지
장자의 학설은 우언이 열에 아홉이며
외물의 사물을 빌려다가 논술한다.

우언으로 말하면 열에 아홉은 알아듣는데
외부의 사물을 끌어다가 논술하기 때문이다.

『장자·잡편·우언』

비유는 고수의 언어 방식

- 비유는 동서고금 성현의 최애(最愛) 표현 방식
- 신약성서 속 예수의 말씀 3분의 1 이상이 비유
  "예수께서 이러한 많은 비유로 그들이 알아들을 수 있는
  대로 말씀을 가르치시되, 비유가 아니면 말씀하지 아니하시고"
- 孟子長於比喩
  맹 자 장 어 비 유
  맹자는 비유에 능하였다.
  조기(趙岐)의 『맹자장구(孟子章句)·제사(題辭)』

장자 우언의 도(道) 이야기

- 장창호 식 장자 우언 풀이(재구성)

  1) 포정해우(庖丁解牛 : 포정이 소를 잡다)

  2) 해의반박(解衣槃礴 : 옷을 벗고 편하게 앉아 그리다)

  3) 목계(木鷄 : 물아일체하여 나무토막처럼 보이는 닭)

- 無(무)＝渾沌(혼돈)＝自然(자연)＝遊(유)＝自由(자유)
  ＝道(도)＝예술화의 경지

12-1강
장자와 도가문화1

목 차

1. 장자(莊子)와 사유의 본질

- 장자(B.C.369~B.C.286)의 본명은 주(周),
  일명 남화진인(南華眞人)
- 노자와 함께 도가 대표, 노장(老莊) 병칭
- 맹자(孟子)와 거의 동시대 인물,
  서로에 대한 기록이 없음
- 저서: 『장자』 33편
     내편 7편, 외편 15편, 잡편 11편
     모두 약 7만자, 10분의 9가 우언(寓言)

1) 소요유(逍遙遊)

북쪽 바다에 물고기가 있으니 곤(鯤)이라 부른다.
곤의 크기가 몇 천리인지 모른다.
변하여 새가 되니 그 이름이 붕(鵬)이다.
붕의 크기가 몇 천리인지 모른다.
노하여 날아오르면 그 날개가 마치 하늘에
드리운 구름과 같다.
이 새는 바다가 움직이면 장차 남쪽 바다로
옮겨간다. ……

곤(鯤)과 붕(鵬)

광대무변한 상상과 문제 제기

붕이 남쪽 바다로 갈 때 날개로 삼천리나 바닷물을 치며,
회오리바람을 따라 돌아 구만 리 상공으로 올라가
여섯 달을 날고서야 쉰다. ……
푸르른 하늘은 원래 그런 색일까?
너무 멀어서 끝까지 도달할 수 없어서일까?
거기서 아래를 봐도 또한 이와 같을 것이다.

2) 난세(亂世)의 처신철학

* 전국시대 : 혼란과 고통의 난세(亂世)

* 폭풍을 만날 배는 짐을 버려야 한다.

* 난세에는 가벼운 것은 살아남고 무거운 것은 가라앉는다.
  무엇을 남기고 무엇을 버릴 것인가?

* 이는 매우 심각한 철학적 화두(話頭)

살아남기가 곧 행복

- 버림의 철학
- 비움의 철학
- 곧 생존의 철학

완벽하게 숨을 수는 없겠지만,
이 혼란과 위험 속에서 함께하자고 누가 찾아 온다면
재빨리 피하세요.
그게 바로 살아남아 행복하고 자유로워지는 길입니다

임금이 되기 싫은 왕자

월(越)나라에서 3대째 임금이 시해되자 왕자 수(搜)가 겁이 나서 단혈(丹穴)로 도망갔다.

월나라에 임금 자리가 비자 신하와 백성들이 왕자 수를 찾았으나 찾지 못하고 단혈까지 추적하였다.

왕자 수가 나오려 하지 않아 월인들이 쑥을 태워 나오게 해 군왕의 수레에 태웠다.

임금이 되기 싫은 왕자

왕자 수가 줄을 잡고 수레에 타며 하늘을 보며 외쳤다.

"임금, 임금이라니! 왜 나를 가만두지 않는가!"

월나라 왕자 수는 임금이란 자리가 싫은 것이 아니라 임금이 되어 닥칠 환란을 싫어했다.

왕자 수와 같은 이는 나라를 위해 목숨을 버리길 원하지 않는다고 말할 수 있다.

임금이 되기 싫은 왕자

이것이 바로 월나라 사람들이 그를 억지로 임금 자리에
앉히려는 까닭이다.

『장자(莊子)·잡편(雜篇)·양왕(讓王)』

임금이 되기 싫은 왕자

왕위 거부의 원인

① 전국시대 군왕 시해(弑害)의 일상화, 왕위의 위험성 상존

② 군왕 무용(無用)

군왕이 존재할 필요성이 사실상 없으며, 백성들 스스로
알아서 살 수 있음

· 장자 사상: 생명의 보전 > 물질적 이득

2. 장자의 사상

장자의 주요 학설
1) 인위(人爲) 반대, 무위(無爲) 제창
2) 인의도덕(仁義道德) 반대
3) 절성기지(絶聖棄知) : 反성인, 反지식
4) 무용지용(無用之用)
5) 자연 속의 자유자재(自由自在)한 삶

1) 공명관(功名觀)

초(楚)나라 위왕(威王)이 장주(莊周)가 훌륭한 인재라는 소문을 듣고 사절을 보내 후한 예물로 그를 맞이해 재상으로 삼겠다고 제의하였다.

장주가 웃으며 초나라 사절에게 말했다.

"천금은 많은 재물이고, 재상은 존귀한 자리입니다. 그대는 교외의 제사에 희생 제물로 올리는 소를 보지 않았습니까? 몇 해를 길러서 화려한 무늬를 수놓은 옷을 입혀 태묘(太廟)에 들입니다. 이때가 되어서는

태묘(太廟)의 제물처럼 되길 거절

어린 돼지가 되고 싶은들 그럴 수 있겠습니까? 그대는 얼른 가시오! 나를 욕되게 하지 말고. 나는 차라리 더러운 시궁창 속에서 뒹굴고 놀며 스스로 만족할지언정 나라를 가진 사람에게 고삐를 꿰이지는 않겠소. 평생 벼슬을 않고 내 마음대로 즐겁게 살리라!"

『사기(史記)・노자한비열전(老子韓非列傳)』

재상 제의를 거절하는 장자

묘당(廟堂)의 신령한 거북이

장자가 복수(濮水)가에서 낚시를 하는데, 초왕(楚王)이 대부(大夫) 두 사람을 보내 뜻을 전하였다. "초나라의 정사(政事)를 맡아 주시오!"

장자가 낚싯대를 잡고 고개도 돌리지 않고 말했다.

"내가 듣기로 초나라에 신령한 거북이가 있는데 죽은 지가 이미 삼천 년이 되었고, 왕이 잘 건사하여 묘당(廟堂) 위에 간수해 두었다고 합니다.

묘당(廟堂)의 신령한 거북이

이 거북이는 죽어서 유해(遺骸)가 사람에게 존귀하게 받들어지길 바라겠습니까? 아니면 진흙 밭에서 꼬리를 끌며 기어 다녀도 살아있길 바라겠습니까?"

두 대부가 말하였다. "차라리 살아서 진흙 밭에서 꼬리를 끌며 기어 다니는 것이 낫지요."

장자가 말하였다. "가시오! 나는 장차 진흙 밭에서 꼬리를 끌며 살겠소."

『장자·외편·주수(秋水)』

진흙 밭 거북이와 신귀(神龜)

자유(自由), 생명의 본질

澤雉, 十步一啄, **택치 십보일탁**	연못가의 꿩, 열 걸음에 한 입 쪼고
百步一飮, **백보일음**	백 걸음에 물 한 모금
不蘄畜乎樊中, **불기휵호번중**	새장 안에 길러지길 싫어함은
神雖王, 不善也. **신수왕 불선야**	왕처럼 신령하나 자유롭지 않아서라네.

『장자·내편·양생주(養生主)』

치질을 핥았구나!

송(宋)나라 사람 조상(曹商)이 송나라 왕을 위해 진(秦)나라로 사신 갔다. 그가 갈 때에 수레를 몇 승(乘)이나 받았고, 진나라 왕이 그를 좋아해 수레 수백 승을 더해 주었다. 송나라로 돌아와서 장자를 만나 말했다.

"가난한 마을 비좁은 골목에서 곤궁하게 손수 짚신을 짜고 삐쩍 야윈 목에 누렇게 뜬 얼굴로 사는 것은 나는 못하는 일일세. 만승 대국의 임금을 한 번 깨우쳐주고 내 뒤에 수레 백 승이 따르게 하는 것은 나에게 쉬운 일이네."

치질을 핥았구나!

장자가 말했다. "진나라 왕이 병이 나 의원을 불렀는데, 종기를 터트려주면 수레 한 승을 받고, 치질을 핥아주면 수레 다섯 승을 받으며, 치료 부위가 아래로 내려갈수록 수레를 더욱 많이 받는다더군. 자네는 치질을 얼마나 고쳐 주었길래 어찌 그처럼 많은 수레를 받았는가? 자네는 물러가게나(子行矣)!"

『장자 · 잡편 · 열어구(列禦寇)』

속박보다 자유를!

- 장자는 가난이 주는 지위와 불편 감수, 즐김
- 유가의 안빈낙도(安貧樂道)와 일맥상통
- 생활과 세상, 국가와 사회가 주는 갖가지 올가미는 어떻게 할 것인가?
- 장자의 해결책 : 자기의 생명과 자유를 지키는 법 제시

조릉의 까치

장주(莊周)가 조릉(雕陵)의 울타리 주변을 노닐다가 날개 폭이 일곱 자이고 눈 크기가 한 치나 되는 이상한 까치 한 마리가 남쪽에서 날아드는 것을 보았다. 까치가 장주의 이마를 스치고 지나가 밤나무 숲에 앉았다. 장주가 말했다.

"얘가 무슨 새이지? 큰 날개를 가지고도 제대로 날지 못하고 큰 눈을 가지고도 제대로 보지도 못한다니."

조릉의 까치

옷자락을 걷어 올리고 조심스레 다가가 새총을 들어 겨냥하였다. 이때 매미 한 마리가 보였다. 마침 시원한 그늘을 찾고선 자신을 잊고 있었다. 숨어있던 사마귀가 재빨리 앞다리로 낚아챘고, 매미를 잡고선 자신의 형편을 잊었다. 까치가 쫓아가서 이득을 챙겼고, 횡재를 하고선 자신의 생명을 잊었다.

성어 螳螂捕蟬(당랑포선)의 유래

"사마귀가 매미를 잡았으나
새가 뒤에서 노리고 있더라
(螳螂捕蟬, 黃雀在後)" 라는
성어가 바로 여기에서 생겼습니다.

매미←사마귀←까치←장자←사냥터지기←?

장주가 놀라서 말했다.

"아, 사물은 원래 서로 연관되었고, 하나가 다른 하나를 부르는구나!"

새총을 버리고 돌아갔고, 사냥터지기가 쫓아오며 욕을 해댔다.

『장자 · 외편 · 산목(山木)』

당시 사람들이 한쪽 방향으로만 가는데
그 한쪽 방향이 과연 선인지 묻는 것입니다.

내가 앞을 바라보면서 사냥의 목표물을
얻는다는 측면에서는 성공이라고 할 수 있겠지만

내가 사냥물을 잡는 순간
나 역시 어떤 사냥물이 되어 버리는 거잖아요.

다들 앞만 바라보고 특정 방향으로 가면서
그것이 선이고 살 길이라고 생각하지만
오히려 그게 죽음의 길일 수도 있다는 거죠.

반가사유상(半跏思惟像)

국보 제78호

국보 제83호

부처가 깨달음을 얻는 순간

- 부처가 출가 전 싯타르타 태자 시절 어느 날 처마 밑에 앉아서 농부의 쟁기질 구경
- 지렁이가 쟁기질 피해 안도, 개구리가 잡아먹고 포식한 개구리를 뒤에 도사린 뱀이 잡아먹고 만족한 뱀 위를 날던 매가 잡아먹음
- 이 광경을 지켜보던 부처가 만물의 인연(因緣)과 제생무상(諸生無常)의 도리를 사유(思惟)
- 눈앞 이해득실에 일희일비 말라는 장자 가르침과 일맥상통

성공과 위험은 공존

- 목전의 성공과 출세에 눈이 멀면 자기에게 닥칠 위험을 감지하지 못함
- 자기 재주를 믿고 자기가 대단하다고 착각, 두려움을 잊은 원숭이
- 이는 매우 위험하고 무지(無知)한 행위

吳王射狙(오왕사저)

오왕(吳王)이 강 위에 배를 띄워 원숭이 산에 올랐다. 원숭이들이 오왕을 보고선 모두 겁을 먹고 달아나 깊은 숲속으로 도망갔다.

한 원숭이는 느긋하게 몸을 굽혀 여기저기 긁기도 하고 이것저것 잡으며 왕에게 재주를 뽐냈다. 왕이 활을 쏘았으나 민첩하게 날아오는 화살을 잡았다.

吳王射狙(오왕사저)

왕이 조수들에게 명하여 다가가 쏘도록 하였고 원숭이는
즉각 화살에 맞아 죽었다.

『장자·잡편·서무귀(徐毋鬼)』

2) 무용지용(無用之用)

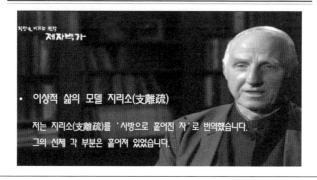

기형인 지리소(支離疏)

支離疏者, 頤隱於臍, 肩高於頂,
지리소자   이은어제   견고어정

지리소라는 사람은 턱이 배꼽에 묻히고
어깨가 이마보다 높은 꼽추로,

會撮指天, 五管在上, 兩髀爲脅。
회촬지천   오관재상   양비위협

상투가 하늘을 향해 치솟고, 오장육부 모두 등 위로
튀어나왔으며, 두 넓적다리가 거의 겨드랑이에 매달렸다.

기형인 지리소(支離疏)

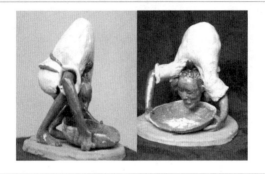

기형인 지리소(支離疏)

挫針治繲, 足以糊口;
좌침치해   족이호구

그는 삯바느질과 빨래일로
충분히 입에 풀칠을 하였고,

鼓筴播精, 足以食十人。
고협파정   족이식십인

남에게 점을 봐주거나 키질로 쌀을 골라내어
거뜬하게 열 식구를 먹여 살렸다.

기형인 지리소(支離疏)

上征武士, 則支離攘臂而遊於其間;
상정무사   즉지리양비이유어기간

나라에서 군인을 징집할 때
지리소는 팔뚝을 드러내놓고 군인들 사이를 활보하였고,

上有大役, 則支離以有常疾不受功;
상유대역   즉지리이유상질불수공

나라에서 대대적인 부역이 있어도
지리소는 장애인이라 부역에서 면제되었다.

기형인 지리소(支離疏)

上與病者栗, 則受三鍾與十束薪。
상여병자율   즉수삼종여십속신

나라에서 병자에게 곡식을 나눠줄 때
충분한 곡식과 땔감 열 속이나 배급 받았다.

기형인 지리소(支離疏)

夫支離其形者 , 猶足以養其身 , 終其天年 ,
부 지 리 기 형 자   유 족 이 양 기 신   종 기 천 년

몸이 기형인 사람조차도 충분히 자기 일신을 보전하고
하늘이 준 수명을 다할 수 있거늘,

又況支離其德者乎 ?
우 황 지 리 기 덕 자 호

또한 하물며 지리소처럼 덕을 갖춘 인물이겠는가 !

『내편 · 인간세(人間世)』

로저 에임스
‖ 하와이대 철학과 교수

이 비유에서는 장애를 가진 이의 몸과 마음을
장점이라고 볼 수 있습니다.

장애를 가진 지리소는 이런 조건들을 조합해
살아갈 수 있었습니다.

이를 무용지용(無用之用)이라 합니다.
쓸모없는 것의 큰 쓰임이라는 뜻입니다.

무용지용(無用之用)

- 쓸모 없는 것의 큰 쓰임, 곧 무용의 유용성

  人皆知有用之用, 而莫知無用之用也。
  인개지유용지용　이막지무용지용야

  사람 모두 쓸모 있는 것의 유용성은 잘 알지만,
  쓸모 없는 것의 유용성은 아무도 모른다.

  『내편·인간세(人間世)』

이와 비슷한 일화가 있습니다.
목재로는 쓸모가 없는 나무가 있었습니다.
그래서 나무는 살아남았고
사람들은 나무 아래에서 휴식을 취했습니다.

부재지재(不材之材)

莊子行於山中, 見大木, 枝葉盛茂,
장자행어산중　견대목　지엽성무

장자가 산속을 가다가 거대한 나무를 발견했는데
가지와 잎이 무성하였다.

伐木者止其旁而不取也。
벌목자지기방이불취야

벌목꾼이 그 옆에 멈추고선 자르지 않았다.

부재지재(不材之材)

問其故, 曰: "無所可用."
문기고　왈　　무소가용

그 까닭을 물어보니, 말했다. "쓸모가 없기 때문입니다."

莊子曰: "此木以不材得終其天年."
장자왈　　차목이부재득종기천년

장자가 말했다. "이 나무는 재목으로 쓸 수 없어서
천 년이나 수명을 마칠 수 있다."

12-2강
장자와 도가문화2

3) 급시행락(及時行樂)

삶의 황금기에 즐기길 다하라

쫓기는 인생

자기 그림자를
피해 달리는 사람

畏影惡跡(외영오적)

어떤 사람이 자기 그림자를 무서워하고 자기 발자국을
싫어해 발을 자주 떼었으나 그럴수록 발자국이 더욱
많아졌고, 빨리 달릴수록 그림자가 자기 몸을 떠나지
않았다. 자기가 빨리 달리지 못해 그렇다고 판단하고
쉬지 않고 질주해서 끝내 힘이 빠져 죽었다.

여유가 필요 했는데…

畏影惡跡(외영오적)

나무그늘을 찾아 머물렀더라면 그림자가 사라졌을 것이고,
거기서 쉬었더라면 발자국도 생기지 않았을 것인데,
이걸 몰랐다니 또한 어리석기 짝이 없었도다!

『장자·외편(外篇)·어부(漁父)』

허상(虛像)과의 싸움

• 허상을 좇아 자신과 싸우는 어리석음
  허상 = 발자국, 그림자 = 자신의 일부

• 쓸모 있는 인간이 되기 위한 노력
  남보다 앞서기: 출세와 명예 추구
  결국은 자신을 괴롭히기에 불과함

지금 이 순간!

이 이야기는 즉 여유를 가지라는 말입니다.
자연을 즐기고 이 순간을 즐기세요!
아마도 이 중국 고전에서 얻는 가장 중요한 교훈은
바로 지금, 현재를 살리는 것입니다.

제때에 즐기자!

• 빨리 가는 것만이 능사(能事)가 아님
  여유를 갖고 자연을 즐기며 지금 이 순간(瞬間)을 즐기자!
  바로 지금 이 순간이 가장 중요

• 후대 급시행락(及時行樂)사상의 모태

  지금 이 순간을 제때에 즐기자!
  짧은 인생에서 분주하게 돌아다니며 많은 것을 얻으려
  들지 말라.

4) 절성기지(絕聖棄智)

絕聖棄智, 民利百倍。
절성기지 민리백배

성인과 단절하고 지혜를 내버리면
백성의 이로움이 백 배나 될 것이다.

『노자(老子) · 제19장』

성인의 숭고한 이상 비판

- 공자(孔子)의 철환천하(轍環天下)
  묵자(墨子)의 마정방종(摩頂放踵)

- 자신들 욕심 곧 출세욕과 명예욕 위해 고생스럽게 천하를
  돌아다닌 것은 아님

- 그들에겐 명예욕 이상의 숭고한 이상이 있었음

- 그러나 장자는 이른바 숭고한 이상조차 신랄히 비판

도척(盜跖)의 도

도척의 제자가 도척에게 물었다.
"도둑질에도 도(道)가 있습니까?"

도척이 말하였다. "도리가 없는 일이 어디에 있겠느냐?
방안에 귀중품이 있는지 알아내는 것이 바로 성인(聖人)의
경지이다. 먼저 들어가는 것은 용기이고, 나중 나오는 것은
의로움이다. 훔칠 수 있을지 아는 것이 지혜이고, 공평하게
나누는 것이 인이다.

도척(盜跖)의 도

이 다섯 가지를 갖추지 않고서 큰 도둑이 된 자는
천하에 있지 않다."

(이로써 보건대) 성인이 천하를 이롭게 하는 것은 적고
천하에 해를 끼치는 것은 많다.

『장자 · 외편 · 거협(胠篋)』

대도 전척(展跖)

- 도척은 춘추 말기의 전설적 대도(大盜) 전척(展跖)
- 노(魯)의 대부이자 공자의 벗인 유하혜(柳下惠)의 동생
- 『장자·잡편·도척(盜跖)』에 묘사된 도척은 졸개 9천 명을 거느리고 제후들과 맞서며 침공도 서슴지 않은 대도
- 민가 약탈, 부녀자 납치를 일삼고 조상 제사도 지내지 않는 패륜아

도척(盜跖)의 도

- 「도척(盜跖)」편은 도척과 공자의 대화 형식으로 전개되는 허구의 우언(寓言)
- 도둑도 도가 있다는 주장 통해 도가의 급진적인 절성기지(絶聖棄智)와 세상을 풍자하는 장자의 본색을 여실히 표출
- 「도척(盜跖)」편 중 도척은 강렬한 도가 색채를 지닌 인물

도척(盜跖)의 도

- 성(聖), 용(勇), 의(義), 지(智), 인(仁)
  = 유가 공자사상의 핵심 인의예지(仁義禮智)
- 성인(聖人)의 도 = 도둑의 도
- 공자가 내세우는 인의예지는 바로 도둑의 도리이므로 오히려 나라에 큰 해가 된다고 조롱에 가깝게 비판

성인(聖人) vs 대도(大盜)

世俗之所謂至知者，有不爲大盜積者乎？
세속지소위지지자　유불위대도적자호

세속의 이른바 최고 지혜라는 것이 큰 도둑을 도와 재물을
쌓지 않는 경우가 있는가?

所謂至聖者，有不爲大盜守者乎？
소위지성자　유불위대자수자호

이른바 최고 성인이란 자가 큰 도둑을 수호하지 않는
경우가 있는가?

성인(聖人) vs 대도(大盜)

聖人生而大盜起。
성인생이대도기

성인이 나타나면서 대도가 일어났다.

掊擊聖人，縱舍盜賊，而天下始治矣！
부격성인　종사도적　이천하시치의

성인을 배격하고 도적을 자유롭게 풀어줘야 천하가 비로소
태평해진다.

성인(聖人) vs 대도(大盜)

彼竊鉤者誅，竊國者爲諸侯，諸侯之門而仁義存焉。
피절구자주　절국자위제후　제후지문이인의존언

혁대 고리를 훔치는 자는 죽음을 당하고, 나라를 훔치는
자는 제후가 되며, 그런 제후 문패에는 인의가 달려있다.

則是非竊仁義聖知邪？
즉시비절인의성지야

그렇다면 이는 인의와 성인의 지혜를 훔친 것이 아닌가?

성인(聖人) vs 대도(大盜)

聖人不死, 大盜不止。
성인불사　　대도부지
성인이 죽지 않으면 대도는 사라지지 않는다.

雖重聖人而治天下, 則是重利盜跖也
수중성인이치천하　　즉시중리도척야
비록 성인을 중용하여 천하를 다스린다고 한들
이는 거듭해서 도척 무리를 이롭게 할 뿐이다.

『외편(外篇)·거협(胠篋)』

고정관념의 타파

노장 사상은 이처럼 명확하고 또렷한
옳고 그름의 개념을 타파하고자 합니다.

5) 가치의 상대성(相對性)

- 공맹(孔孟)사상 = 시비관념 명확
- 노장(老莊)사상 = 시비관념 타파
- 옳고 그르고(是非), 좋고 나쁘고(好惡), 아름답고 추함(美醜)은 모두 상대적 관념
- 장자는 가치의 부정이 아니라 고정관념의 초월을 주장
- 그러므로 가치의 절대성을 초월해 가치의 상대성에 주목

沈魚落雁(침어낙안)

월왕(越王) 구천(句踐)의 애첩 모장(毛嬙)과 여희(麗姬)를 사람들은 미인으로 여기나 물고기가 보면 물속으로 깊이 들어가고, 새가 보면 높이 날아가며, 고라니가 보면 후다닥 달아난다. 넷 중에서 누가 천하의 진정한 미색을 안다 말인가? 내가 보건대, 인과 의의 단서, 시와 비의 갈림길이 복잡하게 얽혀있으니 내가 어떻게 구별해 내겠는가?

『장자 · 내편(內篇) · 제물론(齊物論)』

물고기가 가라앉다

- 침어(沈魚) 서시(西施)
- 춘추시대 월(越)나라 미인, 고대 4대 미녀 중 하나

  냇가에서 빨래할 때 맑은 물에 비친 그녀의 자태가 너무나 아름다워 물고기가 헤엄치길 잊고 강바닥으로 가라앉았다고 전함
- 추녀효빈(醜女效顰) 이야기, 미의 대비 효과 모델

기러기가 떨어지다

- 낙안(落雁) 왕소군(王昭君)
- 서한 원제(元帝) 때의 궁녀, 고대 4대 미녀 중 하나

  원제에게 총애를 입을 기회를 얻지 못하고 흉노의 선우(單于)의 알지(閼智 = 왕비)로 선택되어 흉노 땅으로 가는 도중에 슬픈 마음에 비파를 켜며 이별의 노래를 불렀는데 남쪽으로 날아가던 기러기들이 왕소군의 미모에 놀라 날갯짓을 잊고 땅으로 추락했다고 전함

상대성 vs 절대성

- 침어낙안(沈魚落雁) = 인간 중심의 오만한 발상
  상대성(相對性) 무시

- 인간 사이에도 미(美)에 대한 기준 불일치

- 연소환비(燕瘦環肥): 조비연과 양귀비의 미모 비교

- 기준(基準)의 상대성 인정하고 존중할 필요 있음

마른 미인의 전형 조비연(趙飛燕)

풍만한 미인의 전형 양옥환(楊玉環)

요묘(遼墓) 벽화 속 「楊貴妃敎鸚鵡頌經圖」

장상무(掌上舞) vs 상마도(上馬圖)

절대적 가치의 위험성

- 획일적(劃一的) 기준 적용의 위험성
- 국가가 유일하고 절대적인 기준을 정해 준수할 것을 요구하면 바로 자유를 억압하는 명분과 도구로 전락
- 절대 가치의 이웃은 독단주의
- 한 가지 가치만 강요하면 독단주의 오류에 빠질 위험 예) 전체주의(全體主義), 파시즘

전체주의의 폐단

- 자기 기준과 다르면 공존 불가능의 지옥 초래

  히틀러 나치즘의 유대인 학살

  일본 군국주의의 대동아(大東亞) 침략전쟁

  폴 포트정권의 킬링 필드

  중국의 문화대혁명(文化大革命)

기준의 틀로부터의 자유

- 시(是)와 (非)비, 진(眞)과 위(僞)의 구분 모호
- 제물론(齊物論) :
  - 모든 사물의 가능성을 고르게 하다
  - 모든 사물의 가치는 상대적으로 동등하다
  - 어느 것도 모두 진리일 가능성 존재
- 돈, 명예, 이데올로기 등 세상 기준에서 자유
- 버릴수록 더 자유롭고 행복한 삶 가능

6) 생사관(生死觀)

鼓盆而歌(고분이가)
세숫대야를 두드리며 노래하다

죽은 아내를 두고 노래하다

장자의 아내가 죽어 혜자가 조문을 갔더니, 장자가 다리를 벌리고 앉아 세숫대야를 두들기며 노래하고 있었다.

혜자가 말했다.

"아내와 살면서 자식을 키우고 늙어서 세상을 떠났다. 사람이 죽었는데 울지 않는 거야 그렇다고 쳐도, 거기에다 질그릇을 두드리며 노래까지 하다니 너무 지나치지 않은가!"

생명의 근원

장자가 말했다.

"그렇지 않다네. 아내가 막 죽었을 때 나라고 어찌 슬프지 않았으리? 허나 근원을 생각해보니 본래 그녀는 생명이 없지 않았는가! 생명이 없었을 뿐더러 본래 형체도 없었고, 형체가 없었을 뿐더러 본래 원기도 없었다네. 이후에 혼돈 상태로 뒤섞여 있다가 변해서 원기가 생성되고, 원기가 변해서 형체가 생겼으며, 형체가 변화하여 생명이 있게 되었다네.

생사의 순환

이제 또 다시 변화하여 죽었으니, 이는 춘하추동(春夏秋冬) 사계절이 순환(循環)하는 이치와 같다네. 그녀가 또한 천지라는 큰 방에 편히 잠들었거늘, 나는 도리어 옆에서 시끄럽게 곡을 하였으니 내가 생각하기에 생명이 변화하는 이치에 맞지 않는지라, 그러므로 그치고 울지 않는 거라네!"

『장자 · 외편 · 지락(至樂)』

생사(生死)와 유무(有無)의 순환

사망은 자연의 순환 규율

- 유무상성(有無相成)의 순환 고리로 죽음의 문제 해결
- 나와 우주는 일체(一體), 나는 우주의 변화 과정 중 일부
- 죽음은 존재의 소멸이 아니라 순환의 일부
- 삶과 죽음이 서로 연결, 자연스런 생멸(=삶)의 과정
- 죽음은 곧 자연규율의 일환(一環), 끝이 아님

우주의 정신과 왕래

獨與天地精神往來而不敖倪於萬物,
독여천지정신왕래이불오예어만물

홀로 천지의 정신과 왕래하나 만물을 무시하지 않으며,

不譴是非, 以與世俗處。
불견시비　이여세속처

시비에 얽매이지 않으며, 세속과 화목하게 지낸다.

『장자 · 잡편 · 천하(天下)』

장자의 죽음

장자의 죽음을 앞두고 제자들이 후한 장례를 치르려고 하였다.

장자가 말했다.

"나는 하늘과 땅을 관으로 삼고, 해와 달을 부장품 옥으로 여기고, 별들을 진주로 여기고, 천지만물을 나를 보내는 부장품으로 여긴다.
내 부장품이 어찌 다 갖춰졌다고 하지 않겠느냐!"

자연에서 온 몸, 자연으로 돌아가리

하늘이 나의 무덤이다.
자연에서 가장 아름다운 땅이 나의 무덤이다.

『장자』의 마지막 우언

제자들이 말했다.
"저희는 까마귀와 솔개가 선생님을 먹을까 두렵습니다."
장자가 말했다.
"(내다버리면) 하늘 위로 까마귀와 솔개의 먹이가 되고,
땅 밑에 매장하면 개미의 먹이가 된다. 새들의 먹이를
빼앗아 개미에게 준다면 어찌 편애가 너무 심할 일이
아니겠느냐!"

『장자·잡편·열어구(列禦寇)』

---

7) 물화론(物化論)

· 인간의 생명만 우주라는 순환 고리의 일환일 뿐만 아니라
  대자연 역시 끊임없이 순환

· 생성 → 변천 → 소멸 → 변천 → 생성의 동일한 순환
  과정을 반복

· 인생이 자연에 동화(同化), 서로 하나가 되는 물아일체
  (物我一體) 곧 물화(物化)의 경지 추구

물아일체, 우주와 나는 일체

나는 이 아득한 우주와 닿아 있습니다.
나는 변화 과정의 일부분입니다.

물화(物化)의 경계

昔者莊周夢爲蝴蝶，栩栩(/翩翩)然蝴蝶也，
석자장주몽위호접　허허(/편편)연호접야

한때 장주가 꿈에 나비가 되었는데,
참으로 훨훨 날아다니는 한 마리 나비였다.

自喻適志與！ 不知周也。
자유적지여　부지주야

마음껏 신나게 나느라 자기가 장주임을 잊었다.

장자, 꿈에 나비가 되다

호접지몽(蝴蝶之夢)

장자, 꿈에 나비가 되다

俄然覺, 蘧蘧然周也。
아연각　거거연주야

문득 꿈에서 깨어나니 자신은 엄연히 장주이었다.

不知周之夢爲蝴蝶與, 蝴蝶之夢爲周與?
부지주지몽위호접여　호접지몽위주여

장주는 자신이 꿈에 나비가 되었는지,
나비가 장주를 꾸었는지 알지 못하였다.

형상의 변화

周與蝴蝶, 則必有分矣。此之謂物化。
주여호접　즉필유분의　차지위물화

장주와 나비는 분명히 다르다.
이를 형상의 변환 곧 물화라고 한다.

『장자 · 내편 · 제물론(齊物論)』

혼돈의 선의

南海之帝爲儵, 北海之帝爲忽, 中央之帝爲渾沌。
남해지제위숙　북해지제위홀　중앙지제위혼돈

남해의 임금은 숙이었고, 북해의 임금은 홀이었으며,
중앙을 다스리는 임금은 혼돈이었다.

儵與忽時相與遇於渾沌之地, 渾沌待之甚善。
숙여홀시상여우어혼돈지지　혼돈대지심선

숙과 홀이 자주 혼돈이 다스리는 땅에서 서로 만났고,
혼돈이 그들을 매우 잘 대접하였다.

선의의 보답

儵與忽謀報渾沌之德, 曰: "人皆有七竅,
숙 여 홀 모 보 혼 돈 지 덕　 왈　　 인 개 유 칠 규

숙과 홀이 혼돈의 호의에 보답하자고 의논하였다.
"사람에게 모두 일곱 구멍이 있고,

以視聽食息, 此獨無有, 嘗試鑿之。"
이 시 청 식 식　 차 독 무 유,　 상 시 착 지

이를 통해 보고 들으며 먹고 숨 쉬는데,
유독 혼돈만 없으니 한번 뚫어줍시다."

인위(人爲)의 결과, 자연(自然)의 죽음

日鑿一竅, 七日而渾沌死。
일 착 일 규　 칠 일 이 혼 돈 사

하루에 하나씩 뚫었고, 7일이 되자 혼돈이 죽었다.

『장자 · 내편 · 응제왕(應帝王)』

13-1강

법(法)의 문자적 해석

목 차

1. '法'자의 일반적 정의

- 일반적 정의:

  국가에서 제정 혹은 인가하여 국가의 강제력으로 집행을
  보증하는 행위규범의 총칭

- 법률(法律), 법령(法令) / 방법(方法), 방식(方式)
  표본(標本), 모범(模範) / 본받다
  규율(規律), 상리(常理) / 헌장(憲章), 제도(制度)

2. '法(법)'자의 서체와 뜻

2.1 '法'자의 서체

金文	古文	小篆	楷書
금문	고문	소전	해서

2.2 금문(金文) ‘法’자

- 원래 글자는 灋

= 氵(= 水) + 廌 + 去

금문(金文) ‘法’자의 뜻

『설문해자(說文解字)』의 해석

- 전설 속 해천(獬廌 = 해태)이라는 신수(神獸)
- 외형은 소를 닮았으나 외뿔이 특징
- 바르지 못한 것(不直)을 판별해 뿔로 들이받아 떠나 가게 했음 → 신수를 이용해 안건을 판단
- 법의 집행은 공평해야 하므로 ‘水’가 따름
- 나중에 간략하게 줄여서 ‘法’이라 표기

3. 갈 ‘去(거)’자의 뜻 1

- 글자의 윗부분은 사람의 상형

- 아랫부분은 고대인이 거주하던 동굴의 입구

- ‘떠나다’라는 뜻을 나타냄

갈 '去(거)'자의 뜻 2

- '去'자의 아래 부분은 물을 담는 그릇

- '去'자는 한 사람과 물을 담는 그릇으로 구성

- '法'자는 법 집행이 물처럼 공평하다는 뜻을 나타냄

5. '法(법)'자의 종합적 해석

- 법(灋 = 法)은 원래 형벌이라는 뜻

- 『설문해자』의 주(注):
  "법(灋)은 형벌이며, 형벌은 죄를 지은 자에게 벌을 가하는 것"

- 법은 바르지 못한 것을 바로 잡는 규범 문자 그대로 집행 과정은 물처럼 투명하고 물 흐르듯이 순리대로 공평하게 처리해야 함이 원래 취지에 부합

'法(법)'자의 종합적 해석

- 『주역(周易)』:
  "사람에게 가하는 형벌을 이용해 법질서를 바로 잡는다 (利用刑人, 以正法也)."

- 법이 사람을 바로잡는 것은 신수가 못된 사람을 제거하는 기능과 같음

- 악행과 불법에는 처벌이 따르지만 대신에 선행과 준법은 보상이 따르므로 이를 본받으라는 의미에서 '法' 자에서 모범(模範)이란 뜻이 파생

'法(법)'자의 종합적 해석

- 법의 고전적 4대 기능

  ① 형벌 : 범법 응징(혹형), 공포의 일벌백계

  ② 공평 : 법의 공정한 적용과 엄정한 집행

  ③ 교정 : 반성과 갱생의 기회 부여(正人)

  ④ 통치 : 신민(臣民) 통치의 효과적 수단

13-2강
한비자와 법가문화1

목 차

1. 한비자의 생애

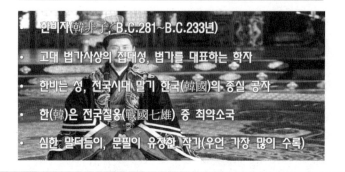

- 한비자(韓非子, B.C.281~B.C.233년)
- 고대 법가사상의 집대성, 법가를 대표하는 학자
- 한비는 성, 전국시대 말기 한국(韓國)의 종실 공자
- 한(韓)은 전국칠웅(戰國七雄) 중 최약소국
- 심한 말더듬이, 문필이 유창한 작가(우언 가장 많이 수록)

한비자 학술의 뿌리

- 진(秦)의 재상 이사(李斯)와 함께 순자(荀子)의 제자

- 스스로 말하길, 자기 학술의 근원은 황노학(黃老學)

- 『도덕경』에 조예 깊어 『解老(해로)』, 『喩老(유로)』편 등 저술, 노자 연구자이자 비판자

- 유가와 도가 양가 모두 한비자 학술의 뿌리

간언 불발, 저술 전념

- 한비가 여러 차례 한의 도혜왕(悼惠王)에게 유세했으나 한왕이 받아들이지 않음

- 이 시기에 『고분(孤憤)』, 『오두(五蠹)』, 『현학(顯學)』, 『난언(難言)』 등 편을 저작

진시황과의 만남과 실망

- 한비의 저술 『한비자』가 진(秦)에 전해져 진왕 정(政)이 특히 『고분』과 『오두』를 읽고 감탄, "과인이 이 저자와 만나 교제할 수 있다면 죽어도 여한이 없겠다!"

- 고의로 한(韓)과 전쟁을 일으킨다고 위협해 한비(韓非)가 진나라로 사신으로 오도록 해 만남

- 진왕 정이 한비자를 접견해 대담했으나 대화를 이어가지 못하는 한비자의 심한 말더듬에 크게 실망, 홀대하고 중용하지 않음

진왕 영정(贏政)과의 독대

제13-2강 한비자와 법가문화1 277

이사의 참언, 투옥

- 진의 재상 이사는 동문수학한 한비자의 재능과 지혜가 자신을 훨씬 능가한다는 사실을 알고, 만약 한비자가 중용되면 자신은 밀려날 것을 염려
- 진왕에게 참언(讒言)을 올려 모함해 이사를 투옥시킴
- 이사가 다시 옥중의 한비자를 자의(恣意)로 독살
- 일설(一說)에는 한비자가 옥중에서 스스로 음독했다고 전함

때늦은 사면

- 얼마 후 진왕 정이 후회하고 한비자를 사면하려 사람을 보냈으나 이미 때가 늦었음
- 훗날 진 시황제가 6국을 멸하고 천하통일한 방책 대부분 한비자의 법치이론을 바탕으로 설계, 진행됨
- 이사가 동문 천재 한비자를 왜 그렇게 꺼려했는지 알 수 있음

2. 한비자의 사상

- 한비자의 학술은 법(法), 술(術), 세(勢) 세 가지로 귀납
- 형명(刑名)사상이 바탕이 된 신상필벌(信賞必罰)의 체계적인 통치술을 제공
- 사실상 진 시황제의 천하통일에 크게 기여

2.1 현실주의자

- 「涸轍之魚(학철지어)」

장자가 집안이 가난하여 감하후(監河侯)에게 곡식을 빌리러 갔다. 감하후가 말했다. "좋소, 내가 토지세를 다 거둔 다음에 3백 냥을 그대에게 빌려주면 되겠소?"

장자가 성난 얼굴로 말했다. "내가 어제 여기로 올 때, 길 위에서 나를 부르는 소리가 들려 고개를 돌렸더니 수레바퀴 자국 안에 붕어가 한 마리 보였습니다.

수레바퀴 자국 속의 붕어

내가 물었지요. '붕어야, 너 여기에서 무엇 하느냐?'

붕어가 대답하더군요, '나는 동해에서 파도를 관장하는 관리요. 물이 조금 필요하오, 나를 살려줄 수 없겠소?'

내가 말했소. "좋네. 내가 남쪽으로 오(吳)와 월(越)나라 왕에게 가서 부탁해 운하를 뚫어 장강(長江)의 물을 끌어다가 너를 살려주면 되겠지?'

수레바퀴 자국 속의 붕어

- 한 바가지 물이면 살릴 수 있건만…

수레바퀴 자국 속의 붕어

붕어가 성난 얼굴로 말하더군요.

'지금 나와 늘 함께 다니는 사람을 잃어버려서 여기에
갇혀 있는데, 물 한 통 정도면 살 수 있소.
그대는 이런 말을 하느니 절인 생선을 파는 어물전으로
빨리 가서 거기에서 날 찾는 것이 낫겠소!'."

『장자 · 잡편 · 외물(外物)』

현실(現實)주의 사상가 한비자

* 이상(理想)주의 성향의 공자, 묵자, 노장(老莊)과는
  대척점(對蹠點)에 선 사상

* 현실을 제대로 파악해서 합리적이고 효과적인 대책 제시

* 예) "鄭人買履(정인매리)" 이야기

  원칙을 고수하는 비현실주의자의 허구를 풍자

鄭人買履(정인매리)

정(鄭)나라의 어떤 사람이 신발을 사려고 먼저 줄로
자기 발 치수를 재고선 앉았던 자리에 놓아 두었다.
시장에 왔으나 발 치수를 잰 줄을 깜빡 잊고 가져오지
않았다. 그가 신발을 고르고서야 발견하고 말했다.

"내가 치수를 잰 줄을 가져오는 것을 까먹었소."

집에 되돌아가 다시 시장에 왔으나, 장이 이미 파해서
결국 신발을 사지 못했다.

내 발보다 척도를 믿다

사람들이 말했다. "왜 발로 신어보지 않았소?"

그가 말했다. "척도를 믿을지언정 내 발을 못 믿겠소!"

『한비자(韓非子)・외저설좌상(外儲說左上)』

현실적 대응 vs 정해진 척도

발은 신발이 필요한 지금 이 순간
현재의 문제를 의미합니다.

300년 전 혹은 주나라 왕처럼
훨씬 더 오래전 인물들이
현재 우리가 당면한 문제들을 해결하기 위한 규범을
제시해 줄 거라고 생각해서는 안 됩니다.

2.2 상고주의(尚古主義) 반대

- 척도 = 정해진 기준 곧 행동준칙
  ⇒ 유가(儒家)의 상고주의

- 발 기준 = 상황에 따른 현실적 대응, 언제든지 구매 가능
  ⇒ 법가(法家)의 현실주의

- 유사 우언: 각주구검(刻舟求劍), 수주대토(守株待兔)

- 고대 요순(堯舜)시대를 태평성대 이상으로 고집, 시대
  변화에 적응을 거부하는 유가의 상고주의 신랄하게 비판

나라의 해가 되는 좀

聖人不期修古, 不法常可;
성인불기수고　불법상가

성인은 옛 법도를 그대로 따르길 바라지 않으며,
옛 제도를 고수하지도 않는다.

論世之事, 因爲之備。
논세지사　인위지비

시대 상황을 따져 이에 맞춰 대비책을 세운다.

『한비자 · 오두(五蠹)』

오두(五蠹)

· 군왕의 법치를 어지럽히는 다섯 부류

첫째, 학자(學者) 곧 유사(儒士)

둘째, 담론을 일삼는 자 곧 종횡가(縱橫家)

셋째, 검을 지니고 다니는 자, 곧 유협(遊俠＝떠돌이 자객)

넷째, 환어자(患御者) 곧 꾀병을 내세워 뇌물을 써서
　　　 병역을 면한 병역 도피자

다섯째, 상공업 종사자

2.3 성인보다 법과 제도

· 빠르게 멀리 가려면

명마와 견고한 수레를 노복(奴僕)에게 몰게 하면 다른
사람들이 비웃으나 왕량(王良)이 몰면 하루에 천리를
달린다. 수레와 말이 달라지지 않았지만 어떤 자는 천리를
가고 어떤 자는 비웃음거리가 된다면 기술이 너무 차이가
나기 때문이다.

수레 몰기는 왕량, 치국은 요순

지금 나라를 수레로 치고, 권세를 말로 치고, 호령을 고삐로 치고, 형벌을 채찍으로 치고, 요(堯)와 순(舜)임금에게 몰게 한다면 천하가 잘 다스려지고, 걸(桀)과 주(紂)임금에게 몰게 한다면 천하대란이 일어나는데, 현명함과 못남의 차이가 너무 크기 때문이다. ……

요순임금 또한 백성을 다스리는 왕량이다.

왕량을 기다릴 필요는?

수영에 능한 월인(越人)이 물에 빠진 중원(中原) 사람을 구하길 기다린다면, 월인이 과연 수영은 잘하지만 물에 빠진 사람을 구할 수는 없다.

옛날의 왕량(王良)이 와서 지금의 수레와 말을 몰기를 기다리는 것은 마치 월인이 오길 기다려 물에 빠진 사람을 구하자는 말과 같으니, 명백하게 불가능한 일이다.

중급 마부로 왕량을 대체

명마와 견고한 마차를 오십 리마다 역참(驛站)에 한 대씩 비치해 두고 중급 마부에게 몰게 해도 빠르게 멀리 가는 일이 가능하며, 천리도 하루에 이를 수 있다. 그런데 왜 반드시 고대의 왕량을 기다려야 한다 말인가?

『한비자 · 난세(難勢)』

제도가 성인(聖人)을 대체

- 1명의 왕랑×1천리 = 20명 중급 마부×50리

- 성인 역시 극히 소수, 오백 년에 1명이 출현할 현실적 확률 극히 미미, 보통사람이 대부분

- 성군(聖君) 통치를 위한 정치 설계보다 보통 군주가 통치하면서 성인 통치의 효과를 내는 정치시스템 설계 곧 법치(法治)가 필요

- 제도가 작동하면 평범한 군주가 성인 대체 가능

제도가 성인(聖人)을 대체

제도가 성인(聖人)을 대체

2.4 인간의 이기적 속성 통찰

· 동상이몽(同床異夢), 많아 봤자 첩을……

위(衛)나라의 어느 부부가 기도를 하였다. 아내가 기도하길,
"아무 탈이 없도록 하시고, 백 속(束)의 비단을 주소서!"
라고 하였다.
남편이 말했다. "왜 그렇게 적은 것이요?" 대답하였다.
"이보다 많으면 낭군께서 첩을 사들일 것이기 때문입니다."

『한비자 · 내저설하(內儲說下)』

부부의 기도도 각자 이기적

냉철한 관찰

· 부부지간에도 이익의 충돌 발생

· 인간의 본질 파악
  인간관계 = 이익이 얽힌 이해관계

· 타인에게 이익이 되는 선행, 과연 이타적(利他的)인가?

· 전국시대 초기 명장 오기(吳起)의 예

吳起吮疽(오기연저)

- 오기, 병졸의 종기를 빨아주다

오기가 장수가 되어 가장 낮은 군졸과 같은 옷을 입고 같은 음식을 먹었다. 잘 때는 요를 깔지 않았고, 행군할 때 말이나 수레에 타지 않았으며, 몸소 남은 양식을 싸서 등에 짊어졌으며, 사졸들과 힘든 고생을 함께 나눴다. 병졸 중에 악성 종기가 난 자가 있었는데, 오기가 그를 위하여 종기를 빨아주었다.

병졸의 종기를 빨아주는 장수

병졸 모친이 울다

병졸 모친이 그 소식을 듣고 소리 내어 울었다.

사람들이 말했다. "아들이 졸병인데도 장군께서 몸소 자진해서 아들의 종기를 빨아주었거늘 어찌하여 소리 내어 우는가?"

모친이 말했다. "그렇지 않습니다. 이전에 오장군께서 아이 부친의 종기를 빨아주었더니 아이 부친이 전장에 나가서 후퇴를 않고 전진하다가 끝내 적에게 전사 당했습니다.

장군의 본심

오장군께서 또 다시 아들의 종기를 빨아주니 내가 아들이
어디에서 죽을 지 몰라서 이 때문에 우는 거라오."

『사기(史記)・손자오기열전(孫子吳起列傳)』

* 오기가 종기를 빨아준 목적은 병사의 충성심과 감사함을
  얻기 위한 것임

父子之兵(부자지병)

* 오기의 『오자병법(吳子兵法)』: 부자지병(父子之兵) 강조
* 유가(儒家)의 군민(君民)관계

    保民如子(보민여자): 백성을 자식처럼 돌보다
    君師父一體(군사부일체) → 君父사상

* 한비자의 관점

    병사의 충성심을 얻기 위한 술수
    본질적으로 이기적(利己的)인 행위에 불과

---

3. 법치의 이론적 근거

난세해결방책 법치(法治)

* 오기와 같은 이기적 속성에 인간의 희망이 존재
* 인간의 이기적 속성을 이용한 적절한 통제가 곧 난세
  해결방책
* 양날의 칼, 곧 벌(罰)과 상(賞)으로 인간을 다스림
  = 법(法)

聖君任法(성군임법)

聖君任法而不任智, 任數而不任說……
성군임법이불임지 임수이불일설

성군은 법에 의지하지 지혜에 의지하지 않으며,
정책에 의지하지 논의에 의지하지 않는다.

然後身佚而天下治。
연후신일이천하치

그런 다음에야 자신이 편안해지고 천하가 태평해진다.

『관자(管子)·임법(任法)』

엄벌과 혹형

- 관대함은 성군의 통치술
  엄격함은 일반 군주의 효과적 통치술

- 무거운 형벌 곧 중벌주의(重罰主義) 채택, 백성들이
  범법(犯法)을 꺼림
  처벌이 가벼우면 법을 경시하므로 범법자에게 감형이나
  사면 절대 불허

- 상앙(商鞅)의 『상군서(商君書)』 이래 법가의 일관된 관점

일벌백계(一罰百戒)

- 형벌의 목적 : 경고와 예방
  도둑을 중벌(重罰)하는 것은 도둑을 응징하는 것 외에
  일반인을 도둑질로부터 격리하는 수단

- 혹형(酷刑) 시행, 상앙 집권 때 1일 700명 처형도 불사

- 경죄중벌(輕罪重罰) : 가벼운 죄도 중형으로 벌함
  일벌백계의 효과 : 겁을 먹고 감히 범법할 엄두를 내지
  못함, 사실상 국가폭력

루마니아 민족 영웅 드라큘라백작

- 루마니아 블라드 3세의 혹형

혹형의 공포정치가 드라큘라

- 공작 브라드 3세(Vlad III, Prince of Wallachia, 1431~1476년)는 루마니아 드러쿨레슈티 가문의 귀족 15세기 왈라키아의 공작

- 블라드 체페슈 혹은 블라드 드러쿨레아라고 알려짐

- 루마니어어 체페슈(Țepeş)란 '꿰뚫는 자' 라는 뜻 죄인이나 포로를 꼬챙이에 꿰어 죽이는 공포정치 시행

- 드러쿨레아(Drăculea)는 '용의 아들' 이라는 뜻

4. 법치의 확립 과정

공신력(公信力)의 확보

- 법이 만인에게 공평하게 집행되면 만인이 준법한다는 논리

- 공직자의 권력 남용을 막아 제도의 합법성 확보가 관건 곧 법에 대한 공신력 확립이 시급

- 공신력 확립을 위한 시험

  입목취신(立木取信) : 나무를 세우게 해 공신력을 확립

상앙변법(商鞅變法)

상앙이 새로운 법령을 만들고선 공포하지 않았다. 백성들이 자신을 믿지 못할까 염려해서였다. 이에 세 길 길이의 나무를 도성의 남문(南門)에 세워놓고 백성 중에 북문(北門)으로 옮겨놓는 자에게 열 냥의 금을 주겠다며 지원자를 모집하였다. 백성들은 이상하게 여겨 아무도 감히 옮기는 자가 없었다.

移木建信(이목건신)

다시 영을 내리길, "옮기는 자에겐 황금 50냥을 준다." 라고 하였다.

어떤 한 사람이 나무를 옮겼더니 곧장 황금 50냥을 주어 속이지 않음을 분명히 보여주고 마침내 법령을 반포했다.

『사기(史記)·상군열전(商君列傳)』

- 법치(法治)의 전제조건은 법에 대한 신뢰, 법의 공신력 확보를 위한 법가의 노력 엿볼 수 있음

나무를 옮겨 공신력을 세우다

13-2강
한비자와 법가문화2

5. 법(法), 세(勢), 술(術)

5.1 법치(法治)

- 한비자는 법은 군주가 권력을 행사하는 기반, 법에 의거한 국가 통치 곧 법치(法治)를 주장
- 법(法)은 치국의 유일한 이기(利器)이자 공기(公器)
- 만인 모두 준수하므로 공법(公法), 군왕 역시 예외 없음
- 군주의 사적인 호오(好惡)가 아닌, 법에 의거해 인재 등용해야 통치의 합리적 효율 보장

법치의 전제

- 법의 안정성, 존엄성, 공정성 유지
- 法不阿貴……刑過不避大臣, 賞善不遺匹夫。
  법불아귀   형과불피대신   상선불유필부

  법은 귀족에게 아부하지 않는다……

  범죄자 형벌은 대신이라고 피해갈 수 없으며,

  유공자 포상은 필부라고 빠트리지 않는다.

  『한비자(韓非子)·유도(有度)』

법치의 구현

- 형(刑)과 상(賞)은 군왕의 강력한 두 가지 권력 행사 수단, 이 두 권병(權柄)으로 신하와 백성 장악
- 엄중한 형벌로만 국가 안정, 반란 제압의 목표 달성 가능 중상(重賞)으로 농경과 전공 장려
- 법으로 백성 교화, 관리를 스승으로!
- 잘 정비된 법을 제정해 질서정연한 법치사회 구현

5.2 권세(權勢)

- 한비자는 군왕의 국가 경영에 법과 술로도 부족, 반드시 '세'로써 뒷받침해야 한다고 강조
- 세 = 위세, 권세 곧 권력
- 군왕의 위엄은 권세에서 비롯
- 성현이 자신에게 고개를 숙이고 천하에 군림하는 것은 군왕 자신의 출중한 능력이나 빼어난 인품 덕이 아니라 군왕 자리에서 권력을 쥐고 있기 때문

법세합일(法勢合一)

- 권세가 없으면 군왕은 아무 것도 아니고 할 수 있는 일이 아무 것도 없음
- 법가 신도(愼到): "요(堯)임금이 필부라면 세 사람도 다스릴 수 없으나, 걸(桀)임금은 천자라서 천하를 혼란에 빠트릴 수 있었다."
- 통치자는 법세합일(法勢合一) 곧 법을 제정할 권세와 법을 시행할 권세를 겸비해야 제대로 나라 통치가 가능함

위임 불가, 분산 불가

- 권세를 잃으면 법과 제도도, 아무리 고명한 통치술도 모두 소용이 없어짐
- 아무리 신임하는 인척이나 신하라도 권력 위임, 분점은 불가
- 한비자 법술세 이론의 귀결점은 군왕의 권력 장악과 강화
- 모든 권력을 군왕의 수중에 집중해야만 진정한 최고의 절대권력자가 된다는 의미

5.3 통치술(統治術)

- 술(術)은 군왕이 신하를 제어하는 술법, 곧 통치술

- 군왕은 형벌과 포상 두 권병을 행사하기 전 신하의 언행 일치 여부, 재능과 관직의 일치 여부를 관찰할 방도가 필요

- 신하가 군왕의 호오(好惡)와 통치술을 쉽게 간파하면 군왕이 신하에게 휘둘리기 십상

- 군왕은 본심을 감추고 신하를 관찰하는 기법이 또한 필요

일종의 권술(權術)

- 군왕 속마음을 몰라야 백관들이 군왕에 대한 경외심 유지

- 그래야 늘 두려움을 갖고 군왕을 속여 백성 탄압하는 악행이나 개인적 비리를 경계하고 공법(公法)과 국가라는 공기(公器)를 위해 헌신하게 됨

- 결과적으로 군왕과 국리민복(國利民福)에 모두 유리

- 일종의 권모술수, 군왕의 간행(奸行)과 반대파 제거의 수단으로 전락할 위험 역시 상존

5.4 술(術)의 속성과 종류

- 宋人酤酒(송인고주)

  송(宋)나라에 술을 파는 자가 있었다. 술을 매우 정직하게 팔았고, 손님에게 매우 친절하였다. 술을 아주 맛있게 빚었으며, 가게 앞의 기치(旗幟)도 아주 눈에 띄게 높이 매달았다. 그런데도 술이 재고가 쌓이며 잘 팔리지 않아 술이 시어 버렸다. 이상하게 여겨 잘 아는 이웃 양천(楊倩)에게 물어보았다.

술이 팔리지 않는 이유

양천이 말했다. "당신 집에 사나운 개가 있소?"

"개가 사납다고 술이 왜 팔리지 않는다 말이오?"

"사람들이 무서워하기 때문이오. 어떤 이는 아이에게 돈을 주고 술 항아리를 들고 가서 술을 사오게 하는데, 개가 덤벼들어 아이를 물어버리니 이 때문에 술이 시어 버리고 팔리지 않는다오."

술이 팔리지 않는 이유

조정의 맹견(猛犬)

신하들 중에는 군주와 백성들의 사이를 가로막는 존재 마치 사나운 개와 같은 존재가 있다.

조정의 맹견(猛犬)

나라에도 사나운 개가 있다. 재능이 있는 인사가 치국의
방책을 품고 대국(大國)의 군왕(君王)을 일깨우고자 하나
어떤 대신(大臣)은 맹견이 되어 덤벼들어 물어뜯는다.

『한비자·외자설우상(外儲說右上)』

- 맹견 = 국가의 개혁을 가로막는 기득권세력
  군주의 뜻을 농단하는 개혁방해세력

5.4.1 술(術)의 속성

法莫如顯, 術不欲見。
법 막 여 현 술 불 욕 현

법은 명확해야 최상이고, 술은 드러나지 않아야 한다.

- 술(術) : 군주의 통치 기술(= 방편, = 방법, = 술수)

- 곧 군주가 신하와 백성을 어떻게 통제하느냐 그에 대한
  방편과 방법이 바로 술

육미(六微)

- 군주가 숨겨야 할 6가지 미묘한 노하우

  ① 군주가 권력을 신하에게 빌려주는 일을 경계
  ② 군주의 동의 없이 신하가 외국의 힘을 빌려 사익을
     도모하는 일을 경계
  ③ 신하가 그럴듯한 일로 군주를 속이는 일을 경계
  ④ 군신의 이해관계가 상반되는 일을 경계
  ⑤ 위계질서와 명분 혼란으로 인한 내부 권력투쟁 경계
  ⑥ 외국의 의도대로 대신을 임명하는 일을 경계

5.4.2 술(術)의 종류

(1) 有反(유반)

- 어떤 사건의 두 당사자 간 이해득실이 갈라질 때, 이해 관계가 충돌하는 양 측면을 살피는 일

- 군왕은 이 사건의 처리 결과로 이익 보는 쪽과 손해 보는 쪽의 상반되는 이해관계를 잘 살펴봐야 사건의 진상에 가까워짐

유반(有反)

"어떤 사건이 발생해 누군가 이익을 얻는다면 바로 그가 이 일을 꾸민 자이며, 누군가 손해본다면 반드시 거꾸로 살펴봐야 한다.
나라에 손해가 되는 일은 이를 통해 이익을 보는 자를 살펴보고, 신하가 손해를 입은 일은 이해가 상반되는 자가 누군지 살펴봐야 한다."

『한비자 · 내저설하(內儲說下)』

宰臣上炙(재신상자)

진문공(晉文公) 때에 취사관(炊事官)이 올린 불고기 위에 머리카락이 둘둘 감겨 있었다.
문공이 취사관을 불러 꾸짖었다.
"네가 과인더러 삼키라는 것이냐? 어떻게 불고기에 머리카락이 감겨 있을 수 있는가!"
취사관이 연이어 머리를 조아려 죄를 청하면서 말했다.
"신(臣)은 세 가지 죽을죄가 있습니다.

취사관의 잘못

숫돌로 칼을 갈면서 보검 간장(干將)보다 더 예리하게 갈아서 고기는 잘라도 머리카락은 자르지 못했으니, 이는 신의 첫 번째 죄입니다.

나무 꼬치로 저민 고기를 꿰면서 머리카락을 보지 못했으니 이는 신의 두 번째 죄입니다.

불이 센 화로에 훨훨 타는 숯불에 구워 고기는 잘 익혔으나 머리카락은 태우지 못했으니, 신의 세 번째 죄입니다.

반대편에서 이익을 보는 자

잘못을 저지른 자를 처벌하기에 앞서
반대편에서 이익을 얻는 자를 찾아내는 것이 군주의 역량

宰臣上炙(재신상자)

수라간 시종 중에 남몰래 신을 미워하는 자가 혹시 있지 않겠습니까?"

문공이 말하였다. "옳거니!"

주방의 시종들을 불러 문초하니 과연 그러해서 이에 그를 주살(誅殺)하였다.

『한비자・내저설하(內儲說下)・육미(六微)』

(2) 挾智(협지)

- 지혜를 감추다 ⇒ 곧 군주의 속마음을 감춤
- 속마음을 들키지 않는 것 또한 군왕의 핵심 역량 중 하나
- 군왕이 속마음을 들키면 신하에게 휘둘리며 조종을 당할 가능성 높음
- 현명한 군왕은 아는 일도 모른 척 일부러 물어보는 경우가 종종 발생

明知故問(명지고문), 알면서 일부러 물어보라

挾智而問, 則不智者至;
협지이문　즉부지자지

아는 것을 감추고 물으면 몰랐던 일도 알 수 있으며,

深智一物, 衆隱皆變。
심지일물　중은개변

한 가지 일을 깊이 알면 많은 감춰진 진상을 가릴 수 있다.

『한비자・내저설하(內儲說下)』

韓昭侯求亡爪(한소후구망조)

"한(韓)나라 소후(昭候)가 손톱 하나를 고의로 잃었다며 빨리 찾으라고 재촉하였다.

측근 신하 중 하나가 자기 손톱을 잘라 바쳤다.

소후가 이를 통하여 측근 신하 중 누가 정직한지 여부를 살펴 보았다."

⇒ 신뢰할 신하를 찾는 군왕의 기술

부정직한 신하

인재를 찾는 왕의 기술

(3) 參觀(참관)

- 여러 사람의 의견을 참고하되 다시 직접 관찰함
- 군왕이 신하의 언행을 관찰하고 검증하지 않으면 실정을 알 수 없음
- 한 쪽 말만 듣고 믿으면 신하에게 기만 당함
- 한비자의 통찰력:

  열 사람이 찬성하는 정책이라고 과연 좋은 정책인가?

參觀(참관)

참관(參觀) 여러 사람의 말을 참고하고 관찰하라

장의(張儀) vs 혜시(惠施)

- 장의 : 진(秦)·한(韓)·위(魏) 연합군의 제(齊)·초(楚)
  정벌을 주장

  혜시 : 제(齊)·초(楚)와의 화해를 주장

- 위왕(魏王) 앞에서 두 사람이 대면 토론, 신하 대부분
  장의의 정벌론 찬성
  위나라 왕이 국론 통일을 내세워 정벌 결정

- 혜시가 다시 위왕을 만나 설득

중론(衆論)도 검증 필요

"남과 의논한다는 것은 미심쩍기 때문입니다. 의심이
간다는 것은 참으로 의심할만한 이유가 있기 때문이므로
찬성과 반대가 각각 반을 차지합니다.
지금 온 나라가 찬성하는데 이는 왕이 절반의 의견을
놓치는 셈입니다. 임금을 협박하는 자 역시 반대 의견
절반을 무시한 것입니다."

- 왕이 인의 장막에 둘러싸여 고립되면 매우 위험!
  중론(衆論)의 검증 절차 반드시 필요함

(4) 一聽(일청)

- 하나하나 듣고 판단함

- 곧 군왕이 일선 관리의 의견을 일일이 청취하고 사실을
  확인 이후에 실행을 채근함

- 복지부동(伏地不動)과 무임승차(無賃乘車) 방지책

南郭處士(남곽처사)

"제(齊)나라 선왕(宣王)이 피리를 불되 필히 300명이
합주하라고 명하였다. 남곽(南郭)의 한 처사(處士)가
왕을 위해 피리를 불겠다고 청하였다. 선왕이 기뻐하여
수백 명이 먹을 녹봉을 하사하였다. 선왕이 죽고 민왕
(湣王)이 등극하였다. 민왕이 하나하나씩 연주하는 소리를
듣길 좋아하자 남곽의 처사가 도망쳤다.

『한비자 · 내저설상(內儲說上)』

일일이 듣고 확인

두루뭉술하게 일을 맡겨서는 안 됩니다.
구체적으로 각각의 권리와 책임을 명확히 해야 합니다.

신상필벌(信賞必罰)

- 각자의 권리와 책임소재 명확히 해 일일이 공과(功過)를 따지는 것이 치국의 가장 효과적인 방법

- 이중성 제거

  자리만 채우며 무임승차하는 무능한 관리의 간교한 속임수 차단

- 무능력과 부정직이 처벌을 받으면 나라 안에 정직하게 능력을 발휘하는 풍토가 조성

6. 법가(法家)의 기백

6.1 법가의 공통 운명

- 한비자, 권력정치의 현실을 냉철하게 꿰뚫어보고 법치 설계
- 자신도 권력투쟁에 희생, 동문수학한 이사(李斯)의 질투와 모함으로 투옥과 독살(※음독자진설도 있음)
- 법가 사상가 대부분 비참한 최후:
  상앙(商鞅)은 거열형(車裂刑), 오기(吳起)는 화살벌집 당함
- 혹형 주장, 가혹한 형벌이 정작 본인에게 적용된 아이러니

옥중 독살? 음독 자진?

당계공(堂谿公)의 권고

당계공(堂谿公)이 한비자에게 말했다.

"지금 선생이 법술(法術)을 세우고 규정을 제정하는데, 내가 볼 때 생명을 위태롭게 하는 짓입니다. 어떻게 증명하느냐고요? 선생이 이런 말을 했다고 들었습니다.

'초(楚)나라는 오기의 주장을 채택하지 않아 국력이 쇠퇴해 혼란에 빠졌으며, 진(秦)나라는 상앙의 주장을 실행해 부강해졌다.

당계공(堂谿公)의 권고

오기, 상앙 양자의 주장은 이미 옳다고 증명되었으나 오기는 사지가 찢기었고 상앙은 거열형을 당했다. 좋은 시대와 현명한 군주를 만나지 못해 생긴 재앙이다.'

좋은 시대와 현명한 군주를 만날지는 미지수이고, 재앙은 배제할 수가 없습니다. 자신을 보전할 수 있는 길을 버리고 위태로운 길을 마다하지 않으니, 곰곰이 생각건대, 선생이 취할 바가 아닙니다."

한비자의 거사(去私)정신

한비자가 말했다.

"선생의 말을 잘 알겠습니다. 천하를 다스리는 권병(權柄)과 백성을 하나로 만드는 법도는 시행하려면 매우 만만치 않습니다. 그러나 선대 성군의 예치(禮治)를 폐지하고 나의 법치(法治)주장을 실행하려는 까닭은 법술을 세우고 규정을 제정하는 것이 백성에게 유리하고 서민들에게 편리하기 때문입니다.

인애(仁愛)와 명지(明智)의 마음

폭군이나 혼군(昏君)을 만나는 재앙을 두려워 해 죽음의 화를 피해 단지 명철보신(明哲保身)만 도모하고 백성들의 이익을 외면하는 것은 살기만을 탐하는 비겁한 행위입니다. 나는 차마 살기만을 탐하는 비겁한 짓을 할 수 없으며, 감히 인애와 명지의 행위를 무너뜨릴 수 없습니다. 선생께서 저를 아끼는 마음을 가졌지만, 실제로 저를 크게 해치는 것입니다."

『한비자·문전(問田)』

6.2 법가의 구세(救世) 결기

· 구세(救世)의 숭고한 마음

· 한비자의 이상

利民萌便衆庶之道
이민봉편중서지도

백성을 이롭게 하고 대중을 편리하게 하는 제도

· 당계공의 권고는 고맙지만 한비자로서는 자기의 이상에 대한 사실상의 모독으로 받아들임

법가(法家)에게 정치란?

· 법가에게 정치란 더러운 진흙에서 연꽃을 피우는 일

· 인간성의 어두운 면에 절망하지 않고 오히려 어두움을 이용해 연꽃을 피우는 일이야말로 진정한 현실주의자들의 결기

14-1강
유가와 도가의 비교1

목 차

1. 유가와 도가의 차이

유가(儒家)	도가(道家)
입세(入世)	출세(出世)
진취(進取)	은둔(隱遁)
유위(有爲)	무위(無爲)
강건(剛健)	유순(柔順)

2. 유가의 입세(入世)의지

知其不可而爲之。
지기불가이위지
안 되는 줄 알면서 하다.

『논어·헌문(憲問)』

用之則行, 舍之則藏。
용지즉행 사지즉장
중용되면 포부를 펼치고, 버려지면 도광양해(韜光養晦)한다.

『논어·술이(述而)』

왕도정치의 실현

天下有道則見, 無道則隱。
천하유도즉현　무도즉은

천하에 왕도정치가 실현되면 재주를 드러내고
천하에 왕도정치가 사라지면 재주를 숨긴다.

『논어·태백(泰伯)』

* 道 = 도리(道里) 또는 왕도(王道)

선비의 진퇴(進退)

直哉史魚! 邦有道如矢, 邦無道如矢。
직재사어　방유도지시　방무도여시

사어는 정직하다! 나라에 도리가 행해져도 화살처럼
직언하고 나라에 도리가 사라져도 화살처럼 직언한다.

君子哉, 蘧伯玉! 邦有道則仕, 邦無道則可卷而懷之。
군자재 거백옥！ 방유도즉사　방무도즉가권이회지

거백옥은 군자이다! 나라에 도리가 행해지면 벼슬을 하고,
나라에 도리가 사라지면 경륜을 거둬들여 숨긴다.

『논어·위령공(衛靈公)』

도통(道統) 자임

如欲平治天下, 當今之世, 舍我其誰也!
여욕평치천하　당금지세　사아기수야

만약 천하를 평화롭게 다스리려면
지금 이 시대에　나를 버리고 그 누구겠는가!

『孟子(맹자)·공손추상(公孫丑上)』

* 구세(救世)의 책임을 자임함

우환의식(憂患意識)

先天下之憂而憂, 後天下之樂而樂。
선천하지우이우   후천하지락이락

천하의 근심거리를 가장 먼저 근심하고,
천하의 즐거움을 가장 늦게 즐거워한다.

북송·범중암(范仲淹)의 「악양루기(岳陽樓記)」

- 선비의 우환(憂患)의식은 입세(入世)문화의 표본

입세(入世)의 특징

- 적극적 사회 참여

- 참여 속 개혁주의

- 인생에 대한 진취적 자세

- 상대적으로 언어를 신뢰, 사실주의적으로 삶과 자연 표현

- 당(唐) 이지환(李之渙)의「登鸛雀樓(등관작루)」
  유가의 입세(入世)문화 잘 표현

登鸛雀樓(등관작루)

鸛雀樓(관작루):
중국 산시(山西)성, 융지(永濟)시
푸조우고성(蒲州古城) 서쪽
황허(黃河) 동쪽 언덕에 소재

관작루에 오르다

白日依山盡, 黃河入海流。
백일의산진　황하입해류

한낮의 뜨거운 해는 서산에 기대어 지고
황하는 바다로 흘러 드네.

欲窮千里目, 更上一層樓。
욕궁천리목　갱상일층루

천리나 펼친 광경을 한 눈에 다 보고자
다시 한 층 더 올라간다.

3. 도가의 출세(出世)경향

- "노자는 은거 군자이다(老子, 隱君子)."

- 無爲有國者所羈, 終身不仕, 以快吾志焉。
  무위유국자소기　종신불사　이쾌오지언

  나라를 가진 자에게 얽매이지 않겠으며,
  종신토록 벼슬하지 않음으로써
  내 뜻대로 즐겁게 살겠노라!

  『사기(史記)·노장신한열전(老莊申韓列傳)』

도가의 명철보신(明哲保身)

- 자연으로의 귀의와 은거
  자연과 물아일체(物我一體)되는 철학적 경지 추구
- 사회 참여에 대한 공포와 거부감
  인생에 대한 비관적 자세와 살아남기 처세관
- 사상의 예술화, 낭만주의적 표현과 유유자적하는 삶
- 예) 당(唐) 유종원(柳宗元)의 「江雪(강설)」
  송(宋) 소식(蘇軾)의 「水調歌頭(수조가두)」

「江雪(강설)」

千山鳥飛絶, 萬徑人蹤滅。
천산조비절　만경인종멸

뭇 산에 새 나르는 모습 끊어지고
모든 길에 사람 발자국 사라졌네.

孤舟蓑笠翁, 獨釣寒江雪。
고주사립옹　독조한강설

외로운 배 위에 도롱이와 삿갓 쓴 노인네
홀로 눈 내리는 강에 낚싯대를 드리웠네.

강에 눈이 내리다

「水調歌頭(수조가두)」

明月幾時有, 把酒問靑天。
명월기시유　파주문청천

밝은 달은 언제부터 있었는가?
술잔 들고 푸른 하늘에 묻노라.

不知天上宮闕, 今夕是何年。
부지천상궁궐　금석시하년

모르겠소, 천상 궁궐에선
오늘 밤이 어느 해인지.

「水調歌頭(수조가두)」

我欲乘風歸去, 又恐瓊樓玉宇,
아욕승풍귀거 우공경루옥우

나아 바람 타고 하늘로 돌아가고 싶지만
또한 두렵기는 옥으로 만든 월궁 누각이

高處不勝寒。
고처불승한

너무 높아 주위를 견디지 못할까 하노라.

「水調歌頭(수조가두)」

起舞弄清影, 何似在人間?
기무농청영 하사재인간

춤을 추며 밝은 그림자와 함께 노니
어찌 인간세상의 즐거움에 비할까?

「水調歌頭(수조가두)」

轉朱閣, 低綺戶, 照無眠。
전주각 저기호 조무면

붉은 누각을 돌아, 화려한 창문보다 낮게 걸리어,
달이 잠 못 드는 이를 비치네.

不應有恨, 何事長向別時圓?
불응유한 하사장향별시원

달은 무슨 한이 있어
왜 언제나 인간이 이별할 때만 둥글까?

「水調歌頭(수조가두)」

人有悲歡離合, 月有陰晴圓缺,
인유비환이합 월유음청원결

사람에게 이별의 슬픔과 만남의 기쁨이 있듯이
달도 흐리고 이지러지는 날과 맑고 둥근 날이 있는데,

此事古難全。
차사고난전

이 일은 예부터 함께하기 어려웠다네.

「水調歌頭(수조가두)」

但願人長久, 千里共嬋娟。
단원인장구 천리공선연

단지 원하기는 내 님이 영원토록 평안해
천리 멀리서도 달빛을 함께 즐겼으면 하노라.

소동파(蘇東坡)의 절창(絶唱)

4. 유가와 도가의 언의론(言意論)

- 언의론(言意論) : 말과 뜻의 관계

4.1 유가의 언의론(言意論)

- 言能盡意(언능진의) : 말은 의사(意思)를 충분히 전달 가능

- 유가는 전통적으로 언교(言敎 : 말로 하는 교육) 중시

- 따라서 성인(聖人) 말씀을 담은 책 곧 경전(經典)을 각별히 숭상

공문(孔門)의 언교(言敎)

- 공문사과(孔門四科) 중 1과가 언어(言語)

- 言之無文, 行之不遠。
  언지무문 행지불원

  말을 글로 다듬지 않으면 널리 전파되지 못한다.

  『좌전(左傳)·양공(襄公)25년』

- 언어의 의사전달 기능성과 함께 말과 글의 수식 필요성도 인정

언어의 기능

- 辭達而已矣。
  사 달 이 이 의

  말과 글은 의사를 전달하면 그만이다.

  『논어·위령공(衛靈公)』

- 언어의 주된 기능을 의사 전달에 국한

- 말과 글의 과도한 수식(修飾)과 다변(多辯)을 경계

사달의(辭達意)론의 영향

- 문장의 수식을 억제, 저해

- 문이재도(文以載道: 글에 도리를 싣다), 문이관도(文以
  貫道: 글에 도리가 관통하다)의 문학관 지나치게 강조
  道 = 유가의 인의(仁義)도덕

- 문학이 도덕과 유가 이념의 선전 도구로서의 가치만 인정,
  문학은 도덕의 부용물로 문학의 독립적 가치 존중하지 않음

- 결과적으로 문학의 발전에 장애 요인으로 작용

교언(巧言) vs 눌언(訥言)

- 巧言令色, 鮮仁矣。
  교언영색　선인의

  교묘한 말솜씨에 선한 표정을 잘 짓는 자 치고 어진 사람이
  드물다.

  『논어 · 학이(學而)』

- 君子訥於言而敏於行。
  군자눌어언이민어행

  군자는 말은 더디게 하고 실천은 민첩하게 한다.

  『논어 · 이인(里仁)』

14-2강
유가와 도가의 비교2

4.2 도가의 언의론(言意論)

- 道不可言, 言而非也。(『장자·지북유(知北游)』)
  도는 말할 수 없으며 말하면 도가 아니다.
- 도가는 언어에 대해 기본적으로 부정적 입장을 취함
- 言不盡意(언부진의 : 말은 뜻을 더 전달하지 못 한다)
  → 말과 글은 의사를 전부 전달 불가능
- 불언지교(不言之敎)를 중시
  성인의 책은 옛사람 사고의 조박(糟粕 = 술지게미)

輪扁斲輪(윤편착륜)

(제)환공(桓公)이 당상(堂上)에서 책을 읽고 있었다.

윤편(輪扁)이 당하(堂下)에서 수레바퀴를 깎고 있다가
망치와 끌을 놓아두고 올라와서 환공에게 물었다.

"공께서 읽고 있는 것이 어떤 말입니까?"

환공이 말했다. "성인(聖人)의 말씀이라네."

(윤편이) 말했다. "성인이 살아있습니까?"

윤편이 수레바퀴를 깎다

환공이 말했다. "이미 돌아가셨지."

(윤편이) 말했다. "그렇다면 임금께서 읽는 것은 옛사람의
껍데기일 뿐입니다!"

환공이 말했다. "과인(寡人)이 독서하는데 수레바퀴나
만드는 자가 어찌 이러쿵저러쿵하는가? 일리가 있으면
괜찮지만 일리가 없으면 죽이겠다."

윤편이 수레바퀴를 깎다

윤편이 수레바퀴를 깎다

윤편이 말했다.

"신은 제가 하는 일로 살펴 보겠습니다. 바퀴를 깎을 때, 끌질을 천천히 하면 미끄러워 견고하지 못하고, 끌질을 빨리 하면 뻑뻑하여 바퀴가 잘 들어가지 않으니, 느리지도 않고 빠르지도 않게 하여 마음먹은 대로 손이 따라갑니다. 입으로 설명할 수 없지만 그 안에는 오묘한 비결이 있습니다.

윤편이 수레바퀴를 깎다

저라고 제 자식에게 일러줄 수 없으며, 제 자식 역시 저에게 전수받을 수 없습니다. 이 때문에 나이 칠십 늙은 몸에 여전히 수레바퀴를 깎고 있습니다.

옛사람은 그가 전하지 못한 기술과 함께 죽었습니다. 그렇다면 임금께서 읽는 것은 옛사람의 조박(糟粕)에 불과합니다!

『장자·외편·천하(天下)』

언어로는 표현 불가한 비결

언어(言語) : 사물의 껍질과 대략적인 부분('粗大者')만
표현 가능

사유(思惟) : 사물의 핵심과 세밀한 부분('精細者')을
체득 가능

그러나 '精(정)'에도 '粗(조)'에도 속하지 않는 것은
언어로 표현할 수도 없고 사유로 살필 수도 없다.

得魚忘筌(득어망전)

筌者所以在魚, 得魚而忘筌;
전자소이재어   득어이망전

통발은 물고기를 잡는 도구이며,
물고기를 잡으면 통발은 잊는다.

蹄者所以在兎, 得兎而忘蹄;
제자소이재토   득토이망제

올무는 토끼를 잡는 도구이며,
토끼를 잡으면 올무는 잊는다.

得魚忘筌(득어망전)

고기를 잡으면 낚싯대는 잊는다!

得意忘言 (득의망언)

言者所以在意, 得意而忘言。
언자소이재의   득의이망언

말은 의사를 전달하는 도구이며,
의사가 전달되면 말을 잊어버린다.

『장자 · 잡편 · 외물(外物)』

言外之意 (언외지의)

- 말과 글 밖 행간의 뜻

  '言'과 '意' 양자 사이의 긴장관계를 해결하는 방도로
  도가는 언외지교(言外之敎)를 중시

- 고기를 잡으면 통발을 잊고 토끼를 잡으면 올무를 잊듯이
  옛 성현이나 작가의 뜻을 체득하면 이를 전달하는 도구인
  언어를 잊어버림

언외의 행간(行間) 읽기

- 말과 글이 도(道)를 드러내는 것은 말과 글이라는 고정된
  형식이 아니라 말과 글의 암시를 통함

- 말과 글 속의 암시와 상징을 일단 터득하면 말과 글이라는
  형식은 더 이상 불필요

- 시의 문자와 음운이, 그림 속의 선과 색이 이와 같음

- '得意忘言'을 통해 얻어지는 언외의 뜻이 바로 문학의
  상징과 상상 작용

言外之意(언외지의)란?

- 문학에서 상징(象徵)과 비유(比喩)라는 표현기법을 통한 연상(聯想)작용의 결과로 얻어지는 작가의 원래 의도

- 작품 속에서 함축과 여운의 형태로 표현

- 함축미(含蓄美)와 여운미(餘韻美)는 동아시아 예술의 중요한 미학(美學)적 특징

시(詩) 속의 득의망언(得意忘言)

山氣日夕佳, 飛鳥相與還。
산 기 일 석 가   비 조 상 여 환

산색은 조석으로 빼어난데, 날던 새들이 짝 지어 돌아오네.

此中有眞意, 欲辨已忘言。
차 중 유 진 의   욕 변 이 망 언

여기에 참 뜻이 있으련만, 말하려다 이미 말을 잊었네.

도연명(陶淵明)의 「음주(飮酒)5」

「음주·5」의 眞意忘言(진의망언)

물화(物化)의 경지

- 득의망언(得意忘言) 곧 언외의 뜻을 얻기 위한 작가의 선결 과제는 물아일체(物我一體) 곧 표현 대상과 작가 자신이 하나가 되는 '물화'의 경지에의 도달
- 예) 『장자ㆍ제물론(齊物論)』의 호접지몽(蝴蝶之夢)
- 이는 주체와 객체의 대(大)융합이자 대(大)자유 정신
- '물화'로 인해 삶이 예술화(藝術化)되는 경지

물화(物化)의 적용

- 예술 창작에 적용하면 작가가 작품 대상에 몰입, 대상과 하나가 되는 과정이자 순간
- 「천도(天道)」편의 '輪扁斲輪(윤편착륜)'

  得之心而應於手
  득지심이응어수

  마음먹은 대로 손이 따르는 경지
  ⇒ 得心應手(득심응수)

물화(物化)의 적용

- 「양생주(養生主)」편의 '庖丁解牛(포정해우)'

  官知止而神欲行
  관지지이신욕행

  몸은 멈추려 하나 정신이 계속하려는 경지
- 「달생(達生)」편의 '踏水有道(답수유도)'

  不知其所以然而然
  부지연소이연이연

  왜 그런지 자기도 모르게 자연스럽게 그렇게 되는 경지

5. 유가와 도가의 예술론(藝術論)

5.1 소동파(蘇東坡)의 화죽론(畵竹論)

畫竹必使先得於胸中, 執筆熟視, 乃見其所欲畫者,
화죽필사선득어흉중　집필숙시　내견기소욕화자

대나무를 그릴 때
반드시 마음속에 먼저 완성된 대나무가 있어야 하며,
붓을 잡고 자세히 살펴보다가
자기가 그리고 싶은 것을 발견하면,

표현 대상에 집중

急起直遂, 必追其所見。
급기직수　필추기소견

급히 일어나 곧장 작업을 수행하여
자기가 본 형상을 재현해내고 만다.

與可畫竹時, 見竹不見人。
여가화죽시　견죽불견인

문여가는 대나무를 그릴 때
대나무만 보고 사람을 보지 않는다.

문동(文同)의 묵죽도(墨竹圖)

대나무와 하나가 되다

豈獨不見人? 嗒然忘其身。
기독불견인　탑연망기신

어찌 타인만 보이지 않으리, 우두커니 자신도 잊네.

其身與竹化，無窮出淸新。
기신여죽화　무궁출청신

자신이 대나무와 하나되니,
참신한 창의가 무궁무진 나오네.

『文與可畫篔簹谷偃竹記(문여가화운당곡언죽기)』

마음속의 대나무

與可畫竹時，胸中有成竹。
여가화죽시　흉중유성죽

문여가는 대나무를 그릴 때,
마음속에 이미 대나무가 있다네.

송·조보지(晁補之)의 『贈文潛甥楊克一學文與可畫竹求詩
(증문체생양극일학문여가화죽구시)』

胸有成竹(흉유성죽)

원 오진(吳鎭)의 묵죽　　김홍도(金弘道)의 묵죽

「전론(典論)・논문(論文)」

蓋文章經國之大業, 不朽之盛事。
개 문 장 경 국 지 대 업　불 후 지 성 사

대개 문장은 치국의 대사이자 불후의 성대한 사업이다.

年壽有時而盡, 榮樂止乎其身。
연 수 유 시 이 진　영 욕 지 호 기 신

수명은 정해진 때가 있고, 영화는 자신 일대에 그친다.

「전론(典論)・논문(論文)」

文以氣爲主。氣之淸濁有體, 不可力强而致。
문 이 기 위 주　기 지 청 탁 유 체　불 가 역 강 이 치

문장은 기세를 위주로 한다.
기세의 맑음과 탁함은 타고나서
억지로 노력한다고 되지 않는다.

「전론(典論)・논문(論文)」

譬諸音樂, 曲度皆均, 節奏同檢,
비 저 음 악　곡 도 개 균　절 주 동 검

음악 연주에 비유하자면,
곡조가 엇비슷하고 박자가 같아도,

至於引氣不齊, 巧拙有素,
지 어 인 기 부 제　교 졸 유 소

기를 끌어오는 방식이 제각기 달라서
자연스럽게 우열의 차가 생긴다.

「전론(典論)·논문(論文)」

雖在父兄, 不能以移子弟。
수재부형 불능이이자제

비록 아버지와 형일지라도
아들과 동생에게
전수할 수 없다.

위문제(魏文帝) 조비(曹丕)

---

1)「전론·논문」의 내용

- 중국 최초의 본격적인 문학비평이자 문학이론

  (1) 문학의 중요성과 영원성 인식

- 문장은 치국의 대업이자 불후의 성대한 일

- 인간의 수명은 유한하고 영화 부귀는 자기 대에 그쳐
  문장의 무궁한 생명보다 못함

「전론·논문」의 내용

  (2) 구체적 문학 창작법과 문학비평 이론 제시

- 글은 기(氣)를 위주로 한다.

- 기의 청탁(淸濁)은 작가마다 타고난 개성의 표현이며,
  결코 인위적 노력으로 성취할 수 없음

- 사람마다 기를 끌어내는 방식이 달라 문장의 우열이 판가름

- 타고난 기는 타인에게 전수 불가, 작가 고유의 개성

道不可受(도불가수)

夫道……可傳而不可受, 可得而不可見。
부도　　가전이불가수　가득이불가견

도는……전해줄 수 있지만 받을 수 없으며,
터득할 수 있지만 눈으로 볼 수 없다.

『장자 · 내편 · 대종사(大宗師)』

- 후대 예술론 중 기예의 타인 전수불가론에 영향 끼침

2) 「전론 · 논문」의 성취

(1) 文章經國之大業 = 문학의 독립적 가치 긍정

(2) 문장 창작과 비평에서 문기(文氣)의 차별성과 중요성
인식

(3) 문인의 상호 경시 풍조를 간파, 문인의 독립적인
개성을 인정

(4) 문학의 공능론(功能論)를 일시에 혁파

문학의 독립적 가치

- 공자(孔子) 이래 동한(東漢)까지 유가는 전통적으로
문학을 도(道)의 부속물로 취급

- 조비(曹丕)의 「전론 · 논문」은 문학 자각 시대의 이정표

- 비로소 문학의 독립적 지위를 승인, 문학에 가치 부여

- 이때부터 문학이 도(道)를 떠나 독립의 길로 진입

구세의 책임 의식

유가와 법가의
노래

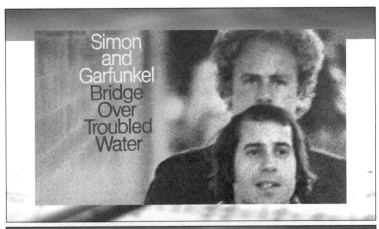

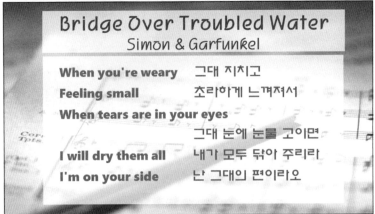

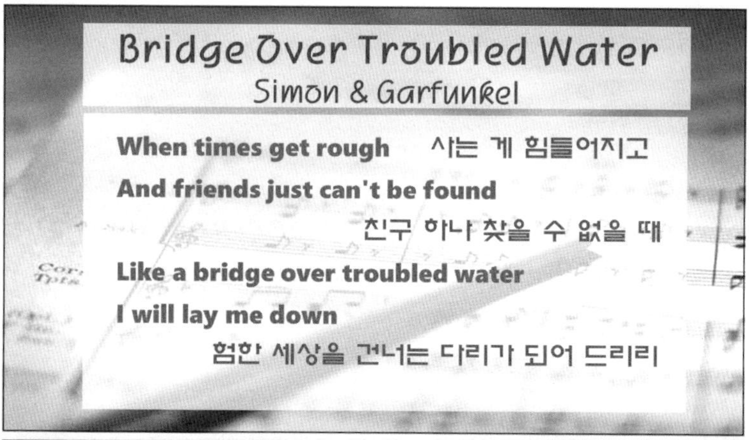
Bridge Over Troubled Water
Simon & Garfunkel
When times get rough 사는 게 힘들어지고
And friends just can't be found
친구 하나 찾을 수 없을 때
Like a bridge over troubled water
I will lay me down
험한 세상을 건너는 다리가 되어 드리리

Bridge Over Troubled Water
Simon & Garfunkel
Like a bridge over troubled water
I will lay me down
험한 세상을 건너는 다리가 되어 드리리

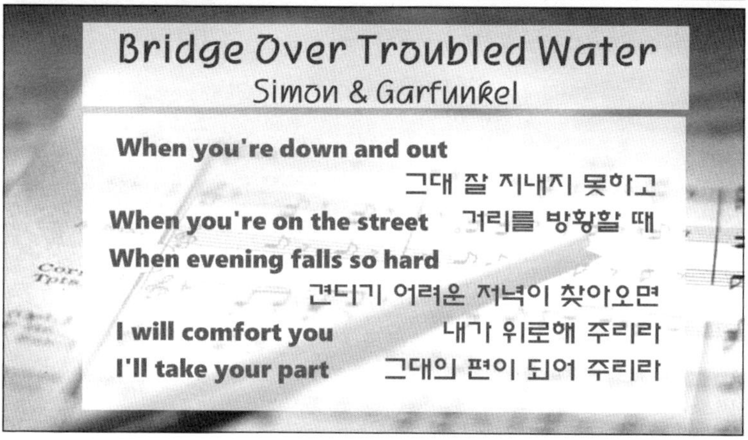
Bridge Over Troubled Water
Simon & Garfunkel
When you're down and out
그대 잘 지내지 못하고
When you're on the street 거리를 방황할 때
When evening falls so hard
견디기 어려운 저녁이 찾아오면
I will comfort you 내가 위로해 주리라
I'll take your part 그대의 편이 되어 주리라

Bridge Over Troubled Water
Simon & Garfunkel

When darkness comes 어둠이 깔리고
And pain is all around
주위에 고통만이 가득할 때
Like a bridge over troubled water
I will lay me down
험한 세상을 건너는 다리가 되어 드리리

Bridge Over Troubled Water
Simon & Garfunkel

Like a bridge over troubled water
I will lay me down
험한 세상을 건너는 다리가 되어 드리리

Bridge Over Troubled Water
Simon & Garfunkel

Sail on Silver Girl 계속 노를 저으세요
Sail on by 노 저어 지나가세요
Your time has come to shine
이제 그대가 빛을 발할 때가 찾아 왔어요
All your dreams are on their way
그대의 모든 꿈이 이뤄지고 있으니
See ho w they shine 얼마나 빛나는지 보세요

Bridge Over Troubled Water
Simon & Garfunkel

If you need a friend   혹시 친구가 필요하다면
I'm sailing right behind 바로 뒤에 내가 있어요
Like a bridge over troubled water
I will ease your mind

험한 세상을 건너는 다리처럼
그대 마음 편히 해 드리리

Bridge Over Troubled Water
Simon & Garfunkel

Like a bridge over troubled water
험한 세상에 다리가 되어
I will ease your mind
그대 마음 편히 해 드리리

THE BEST OF JIM REEVES

WELCOME TO MY WORLD
75 ORIGINAL RECORDINGS
INCLUDING: WELCOME TO MY WORLD · FOUR WALLS · HE'LL HAVE TO GO
ACCORDING TO MY HEART · BIMBO · I FALL TO PIECES · AND MANY MORE

I sang with
JIM
REEVES
the
ANITA
KERR
singers

Welcome To My World
Anita Kerr Singers

Welcome to my world   내 세계에 어서 오세요
Won't to come on in   들어오고 싶지 않나요
Miracles, I guess   기적이, 내 생각에는
Still happen now and then

여전히 가끔 일어나고 있어요

Step into my heart   내 마음으로 걸어오세요
Leave your cares behind   걱정거리는 두고 오세요

Welcome To My World
Anita Kerr Singers

Welcome to my world   내 세계에 어서 오세요
Built with you in mind   당신을 생각하며 지었어요
Knock and the door will open

두드리면 문이 열릴 거에요

Seek and you will find   구하면 찾게 될 거에요
Ask and you'll be given   원하면 받게 될 거에요

Welcome To My World
Anita Kerr Singers

The key to this world of mind

이 마음의 세계로 오는 열쇠를

I'll be waiting here   내 여기서 기다리리
With my arms unfurled   내 두 팔을 활짝 펴고
Waiting just for you   그대만 기다린다오

Welcome to my world
Welcome to my world   내 세계로 어서 오세요

Welcome To My World
Anita Kerr Singers

Welcome to my world	내 세계에 어서 오세요
Won't to come on in	들어오고 싶지 않나요
Miracles, I guess	기적이, 내 생각에는
Still happen now and then	
	여전히 가끔 일어나고 있어요
Step into my heart	내 마음으로 걸어오세요
Leave your cares behind	걱정거리는 두고 오세요

Welcome To My World
Anita Kerr Singers

Welcome to my world	내 세계에 어서 오세요
Built with you in mind	당신을 생각하며 지었어요
Knock and the door will open	
	두드리면 문이 열릴 거에요
Seek and you will find	구하면 찾게 될 거에요
Ask and you'll be given	원하면 받게 될 거에요

Welcome To My World
Anita Kerr Singers

The key to this world of mind	
	이 마음의 세계로 오는 열쇠를
I'll be waiting here	내 여기서 기다리리
With my arms unfurled	내 두 팔을 활짝 펴고
Waiting just for you	그대만 기다린다오
Welcome to my world	
Welcome to my world	내 세계로 어서 오세요

도(道)를 찾아서

자연과 허무의 노래

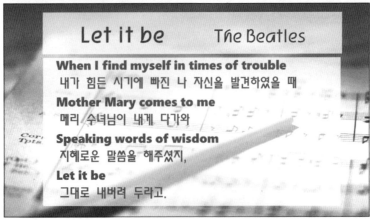

Let it be   The Beatles

When I find myself in times of trouble
내가 힘든 시기에 빠진 나 자신을 발견하였을 때

Mother Mary comes to me
메리 수녀님이 내게 다가와

Speaking words of wisdom
지혜로운 말씀을 해주셨지,

Let it be
그대로 내버려 두라고.

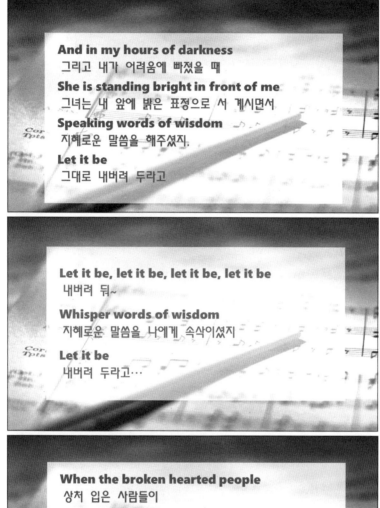

Though they may be parted
비록 그들이 헤어진다 해도

There is still a chance that thay will see
여전히 그들은 다시 깨달을 수 있을 기회가 있단다.

There is will be an answer
아마 답이 있을 거야,

Let it be
그냥 내버려 둬,

Let it be, Let it be, Let it be, Let it be,
내버려 둬~

There will be an answer.
아마 답이 있을 겁니다.

Let it be
그냥 내버려 둬.

Let it be, Let it be, Let it be, Let it be
내버려 둬~

Whisper words of wisdom
지혜로운 소리를 속삭이면서,

Let it be
그냥 내버려 둬.

[간주]

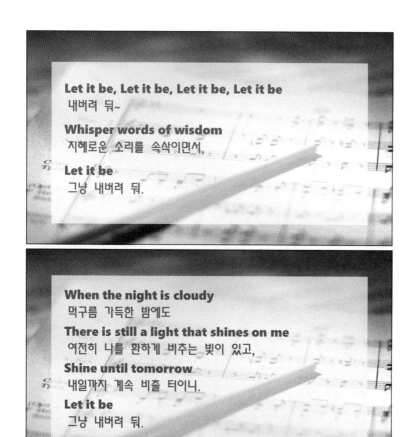

Let it be, Let it be, Let it be, Let it be
내버려 둬~

Whisper words of wisdom
지혜로운 소리를 속삭이면서,

Let it be
그냥 내버려 둬.

When the night is cloudy
먹구름 가득한 밤에도

There is still a light that shines on me
여전히 나를 환하게 비추는 빛이 있고,

Shine until tomorrow
내일까지 계속 비출 터이니.

Let it be
그냥 내버려 둬.

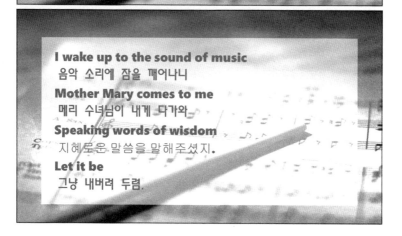

I wake up to the sound of music
음악 소리에 잠을 깨어나니

Mother Mary comes to me
메리 수녀님이 내게 다가와

Speaking words of wisdom
지혜로운 말씀을 말해주셨지.

Let it be
그냥 내버려 두렴.

제15강 도(道)를 찾아서 - 자연과 허무의 노래 341

Let it be, Let it be, Let it be, Let it be,
내버려 두렴~

There will be an answer.
아마 답이 나올 거야,

Let it be
그냥 내버려 둬.

Let it be, Let it be, Let it be, Let it be
내버려 둬~

Whisper words of wisdom
지혜로운 소리를 속삭였지,

Let it be
그냥 내버려 두라고.

Imagine   John Lennon

Imgine there's no Hevean
천국이 없는 곳을 상상해 보세요.

It's easy if you try
그건 쉽게 할 수 있는 일입니다.

No hell below us
우리에겐 지옥이 없고

Above us only sky
우리 머리 위엔 오직 하늘만 있답니다.

Imagine all the people Living for today
모든 사람이 오늘만 위해 살아가는 모습을 상상해 보세요.

Imagine there's no countries
국가가 존재하지 않는 것을 상상해 보아요.

It's isn't hard to do
그건 어려운 일이 아니랍니다.

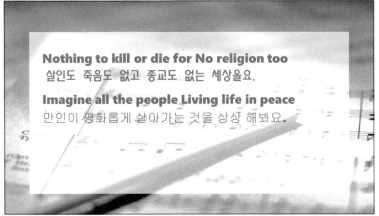

Nothing to kill or die for No religion too
살인도 죽음도 없고 종교도 없는 세상을요.

Imagine all the people Living life in peace
만인이 평화롭게 살아가는 것을 상상 해봐요.

You may say that I'm a dreamer
당신은 내게 몽상가라 말할 수 있습니다.

But I'm not the only one
하지만 저만 그런 게 아니에요

I hope someday you'll join us
언젠가 당신도 우리와 함께 하길 바랍니다.

And the world will be as one
그러면 세계는 하나가 되겠죠.

Imagine no possessions
소유가 없는 세상을 상상해 보아요.

I wonder if you can
당신도 상상할 수 있어요

No need for greed or hunger
탐욕도 굶주림도 없는 세상을요.

A brotherhood of man
인류애가 가득 찬 세상을요.

Imagine all the people Sharing all the world
세상 모든 사람이 서로 나누며 사는 것을 상상해 보세요.

And You
그래도 당신은

You may say I'm a dreamer
당신은 날 몽상가라 말하겠죠.

But I'm not the only one
하지만 나만 그런 꿈을 꾸지 않아요.

Let it be The Beatles

I hope someday you'll join us
언젠간 당신도 우리와 함께 하길 바래요.

And the world will be as one
그러면 세계는 하나가 되겠지요.

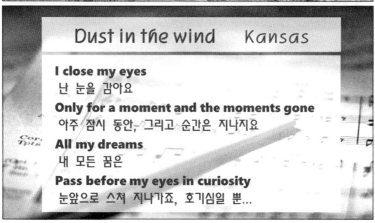

Dust in the wind Kansas

I close my eyes
난 눈을 감아요

Only for a moment and the moments gone
아주 잠시 동안, 그리고 순간은 지나지요

All my dreams
내 모든 꿈은

Pass before my eyes in curiosity
눈앞으로 스쳐 지나가죠, 호기심일 뿐...

제15강 도(道)를 찾아서 - 자연과 허무의 노래 **345**

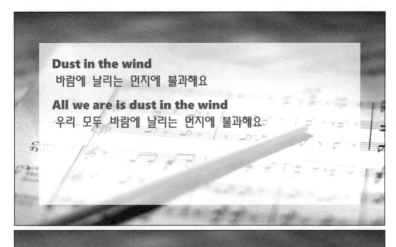

Dust in the wind
바람에 날리는 먼지에 불과해요

All we are is dust in the wind
우리 모두 바람에 날리는 먼지에 불과해요

Same old song
오래된 노래 또한

Just a of water in an endless sea
끝없는 바다 속 한 방울 물일 뿐

All we do
우리의 모든 흔적도

Crumbles to the ground though we refuse to see
보지 않으려 해도 대지의 먼지로 사라져 갑니다.

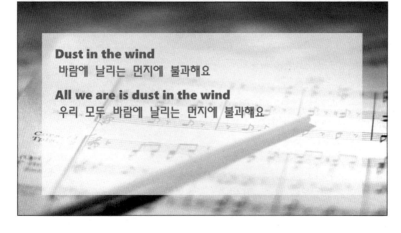

Dust in the wind
바람에 날리는 먼지에 불과해요

All we are is dust in the wind
우리 모두 바람에 날리는 먼지에 불과해요

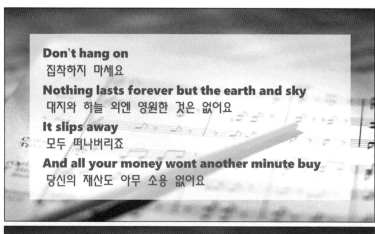

Don't hang on
집착하지 마세요

Nothing lasts forever but the earth and sky
대지와 하늘 외엔 영원한 것은 없어요

It slips away
모두 떠나버리죠

And all your money wont another minute buy
당신의 재산도 아무 소용 없어요

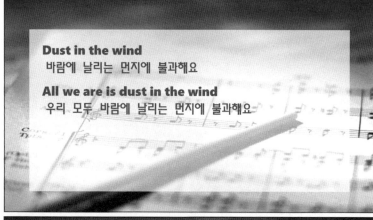

Dust in the wind
바람에 날리는 먼지에 불과해요

All we are is dust in the wind
우리 모두 바람에 날리는 먼지에 불과해요

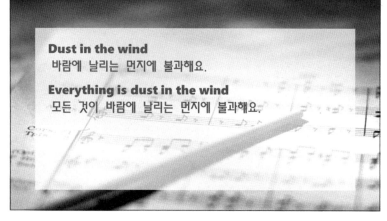

Dust in the wind
바람에 날리는 먼지에 불과해요.

Everything is dust in the wind
모든 것이 바람에 날리는 먼지에 불과해요.

편저자 소개

장창호張昌虎

국민대학교 중국학부 중국어문전공 교수, 중국문학박사(대만 중국문화대학)
저서로는『경전강독 맹자골라읽기』,『제자선독역주』,『중국고전산문선주』,『논어선주』
(공저),『사서삼경의 이해』(공저),『중국고전산문의 이해』(공저),『기초한문』(공저) 등
이 있으며, 역저로는『꽃 사이에 술 한 병 놓고』,『도연명연구』(공역) 등이 있다.

개정증보판
한문과 문화

초　판 1쇄 발행　2019년 2월 28일
개정판 1쇄 인쇄　2021년 2월 20일
개정판 1쇄 발행　2021년 2월 28일

편　　저 | 장 창 호
펴 낸 이 | 하 운 근
펴 낸 곳 | 學古房

주　　소 | 경기도 고양시 덕양구 통일로 140 삼송테크노밸리 A동 B224
전　　화 | (02)353-9908　편집부(02)356-9903
팩　　스 | (02)6959-8234
홈페이지 | http://hakgobang.co.kr/
전자우편 | hakgobang@naver.com, hakgobang@chol.com
등록번호 | 제311-1994-000001호

ISBN　　979-11-6586-148-3　93150

값 : 19,000원